natur&
kinder

ENTDECKEN,
lachen,
SELBER
MACHEN

KATJA MAREN THIEL
FOTOS: ANNETTE TIMMERMANN

natur & kinder

DIE BESTEN IDEEN
FÜR KLEINE UND GROSSE NATURENTDECKER

KOSMOS

natur & kinder

DARAUF KOMMT ES AN, DAMIT ES DRAUSSEN GELINGT

DAS IST *wirklich* WICHTIG

BILD UND BUTTON Hier finden Sie alles, was zum Gelingen in der Natur wirklich wichtig ist.

Vielseitig, magisch, lebenswichtig. Das ist Wasser. Warum jeder Wassertropfen für die Ewigkeit ist, erfahren wir hier. Außerdem geht es um plätschernde Bäche und tosende Meere. Wie immer darf geforscht, gespielt und gebastelt werden, jetzt auch im Schnee.

Ohne Luft kein Leben. Ein Blick nach oben lohnt sich immer. Wir lernen, den Weg anhand der Sterne zu finden, und machen einen Ausflug in die Wetterkunde. Und bei einer Nachtwanderung zeigen sich vielleicht auch die heimlichen Jäger der Dunkelheit.

AB NACH DRAUSSEN!

Mit Kindern die Natur entdecken

Kennen Sie dieses wohlig zufriedene „Alles-ist-hier-alles-ist-gut-Gefühl" gepaart mit einem Schuss Abenteuerlust und Neugierde? Bei mir stellt es sich seit Kindertagen stets ein, wenn ich mich einige Zeit am Meer oder in Feld, Wald und Wiesen aufhalten kann.

Damit bin ich nicht alleine. Der außerordentlich positive Einfluss der Natur auf unser Wohlbefinden ist unumstritten und in zahlreichen Studien nachgewiesen. Dies gilt im besonderen Maße für Kinder. Denn die Natur ist ein unersetzlicher Erfahrungs- und Lernraum, sowohl physisch als auch psychisch. Nirgendwo lernen wir so schnell und nachhaltig fürs Leben wie hier. Da sind sich alle Experten einig. Demgegenüber steht unsere moderne Lebenswirklichkeit: Die meisten Kinder wachsen in städtischer Umgebung auf und selbst Landkinder haben immer weniger Naturkontakte. Allerorten können und dürfen sich Kinder zunehmend weniger frei und selbstbestimmt bewegen. Der kindliche Bewegungsradius hat sich in den letzten Jahrzehnten dramatisch verengt.

RAUS IN DIE NATUR

Dieses Buch möchte Kleinen und Großen helfen, den Freiraum Natur (zurück) zu erobern. Das Erleben im Freien steht daher im Mittelpunkt. Nach Laune darf beobachtet, geforscht, gebastelt, gespielt oder alles auf einmal gemacht werden. Und dies zu jeder Jahreszeit und bei (fast) jeder Wetterlage. Die ausführlichen Anleitungen verstehen sich als Anregungen und nicht als starre Vorgaben. Sie vermitteln nicht allein handwerkliche Grundkenntnisse. Auch das dazugehörige Hintergrundwissen wird mitgeliefert und auf Extraseiten vertieft. Die Porträtseiten runden das Angebot ab, indem sie neben vielen Ideen bemerkenswerte Tiere und Pflanzen zum jeweiligen Thema vorstellen. Jedem, der sich eingehender mit der Natur befassen möchte, sei zudem die Anschaffung ausführlicher Bestimmungsbücher empfohlen. Sie sind zu vielen Einzelthemen erhältlich, auch speziell für Kinder.

GEWUSST WIE

Wie schon mein letztes Buch „Gartenkinder" richtet sich dieser Ratgeber bewusst zugleich an Eltern, Kinder und alle anderen Interessierten. Alle Themen werden in kindgerechter Sprache vermittelt. Das Buch eignet sich damit ebenso zur gemeinsamen Lektüre von Kleinen und Großen, wie zum Lesen und Blättern im Stillen.

Eine andere Besonderheit: Da viele Aktivitäten das ganze Jahr über möglich sind, ist das Buch nicht nach Jahreszeiten, sondern nach Elementen und Naturräumen gegliedert. Mithilfe des ausführlichen Registers am Ende des Buches können alle Einzelthemen sowie vorgestellte Tiere und Pflanzen leicht nachgeschlagen werden.

APPLAUS, APPLAUS!

Für ihren vollen Einsatz vor der Kamera bedanken Frau Timmermann (Fotografin) und ich uns von ganzem Herzen bei allen mitwirkenden Kindern: Iva, Vico, Britta, Lasse, Janaina, Loana, Luca, Lina, Niklas, Fanny, Luise, Stella, Laila, Felix, Jette und Lotte. Es hat viel Spaß gemacht mit euch, Projekte wie das Waldtheater mit den Trollmarionetten, die Lehmbauklötze, die Schmetterlingsflügel oder den Schaufelraddampfer mit Antrieb zu verwirklichen. Ein besonderer Dank gebührt meinem Mann Christian, ohne dessen Unterstützung meine schöne, aber zeitintensive Arbeit nicht möglich gewesen wäre.

Nun aber viel Spaß beim Blättern, Forschen, Basteln, Spielen und: Auf die Bäume, fertig, los!

Ihre Katja Maren Thiel

1 × 1 FÜR NATURFORSCHER

Grundwissen für Große und Kleine

AUF DIE BÄUME, FERTIG, LOS! HIER KOMMEN DIE KLEINEN NATURFORSCHER. IN DIESEM KAPITEL ERHALTEN SIE DIE WICHTIGSTEN VERHALTENS- UND AUSRÜSTUNGSTIPPS IM FREIEN, LERNEN SICHER DEN WEG ZU FINDEN UND GEFÄHRLICHE PFLANZEN UND HEIMISCHE TIERARTEN ZU BESTIMMEN. AUSSERDEM WIRD EINE WICHTIGE FRAGE GESTELLT: WAS IST NATUR EIGENTLICH?

Naturschutzgebiet

Liebe Mitbürger,

dieses Naturschutzgebiet ist Lebensraum seltener und gefährdeter Pflanzen und Tiere und darf außerhalb der gekennzeichneten Wege nicht betreten werden. Hunde müssen an der Leine geführt werden. Wenn Sie diese Hinweise beachten, tragen Sie wesentlich zur Erhaltung des Naturschutzgebietes bei und vermeiden eine behördliche Verfolgung (§§ 64, 67 Landschaftspflegegesetz).

NATURSCHÜTZER

Spielregeln im Freien

Jede Pflanze und jedes Tier, Erde und Wasser verdienen einen respektvollen Umgang. Hier die wichtigsten Verhaltens- und Ausrüstungstipps für Naturschützer.

Für Naturvölker war und ist es eine Selbstverständlichkeit: Sie hinterlassen möglichst wenig Spuren in der Natur und achten und respektieren sie. Der moderne Mensch hingegen macht es sich oft nicht bewusst: Wir alle sind angewiesen auf Mutter Erde. Wer die Freiräume der Natur entdecken will, hält daher am besten einige Regeln ein:

1. Natürlich vor künstlich. Wir sammeln unseren Müll ein. Dies gilt insbesondere für alle Plastik- und Kunststoffteile, die nicht verrotten und deshalb dauerhaft unsere Lebensräume verschmutzen und Tieren und Pflanzen schaden können. Am besten verwenden wir Mehrwegverpackungen und natürliche Materialien.

2. Beobachten vor mitnehmen. Oft ist es viel spannender, die Natur an Ort und Stelle zu beobachten, als sie mit nach Hause zu nehmen. So achten wir die Pflanzen- und Tierwelt. Wer dennoch einen Wildblumenstrauß pflücken möchte, muss nicht traurig sein. Das ist erlaubt. Vorausgesetzt, es geschieht nicht im Naturschutzgebiet und es handelt sich nicht um seltene, geschützte Pflanzen.

3. Pirschen statt knirschen. Pssst! Je leiser wir uns verhalten, desto größer ist unsere Chance, Wildtiere zu beobachten. Wir machen es deshalb wie die Indianer und pirschen auf leisen Sohlen durch die Natur.

4. Fragen statt zerstören! Bevor wir in der freien Natur ein Feuer machen, fragen wir bei dem Grundstückseigentümer um Erlaubnis. Oft gibt es spezielle Feuerplätze. Grundsätzlich gilt: Es darf keine Brandgefahr entstehen. Feuer müssen ständig beobachtet und vollständig erloschen sein, wenn sie verlassen werden. Abstände zu Wäldern etc. einhalten. Auch wer zelten möchte, fragt.

5. Vorsorgen statt gefährden! Vor allem bei längeren Aufenthalten bekleiden wir uns angemessen und denken an ausreichend Proviant. Auch Sonnen- und Insektenschutz gehören dazu. Was ein Naturentdecker sonst noch an Ausrüstung braucht, erfahrt ihr unten.

6. Achten statt stören! Wir beachten die besonderen Regeln für Naturschutzgebiete. Hier bleiben wir immer auf den Wegen und lassen alles an seinem Platz. Hunde bleiben an der Leine.

NÜTZLICHES FÜR NATURENTDECKER

Viel brauchen kleine Naturentdecker nicht für ihre Ausflüge. Neben wenig Unerlässlichem, gibt es noch einiges Nützliches, Inspirierendes oder einfach Schönes.

Am wichtigsten für alle, die Natur erleben wollen, ist ausreichend Zeit. Dies gilt besonders für Ausflüge. Proviant – also Essen und vor allem Trinken – ist selbstverständlich dabei. Pro Tag und Person sollten mindestens 1,5 l Wasser in den Rucksack eingepackt werden, an heißen Tagen auch mehr. Kleidung und Schuhwerk sind Wetter und Umständen angepasst. Falls nötig, sollten Wechsel- und Regensachen eingesteckt werden. Neben dem Sonnenschutz ist hierzulande ein Schutz vor Zecken wichtig (siehe Seite 29).
Zur Orientierung dienen Kompass und Karte (siehe Seite 15). Sinnvoll ist es, für Notfälle ein Handy mitzunehmen. Ein kleines Erste-Hilfe-Set mit Desinfektionsmittel, Pflaster und Wundsalbe hilft bei kleinen Missgeschicken. Nützlich sind eine Becherlupe und Bestimmungsbücher. Mit ihrer Hilfe kann an Ort und Stelle nachgeschlagen werden, welche unbekannten Pflanzen und Tiere aufgespürt wurden. Schnitzmesser, Schnur, Fernglas und Notizblock mit Bleistift sind ebenfalls schöne und sinnvolle Ausrüstungsgegenstände. Insgesamt sollten wir aber darauf achten, dass der Rucksack keine zu große Last wird.

CHECKLISTE RUCKSACK: Essen und Trinken, Erste-Hilfe-Set mit Desinfektionsmittel, Pflaster, Wundsalbe und Zeckenzange, Sonnen- bzw. Regenschutz, (Armband-)Uhr, Handy, Karte, Kompass, Streichhölzer, Becherlupe, Bestimmungsbuch, Schnitzmesser, Schnur, Fernglas, Notizblock mit Bleistift

NATUR
Was ist das eigentlich?

Mancher wird antworten, ganz einfach: Wiesen, Wälder, Bäche, Teiche, Hügel, Berge und die Tiere gehören dazu. Vom Menschen künstlich Erschaffenes dagegen nicht. Aber stimmt das wirklich?

Tatsächlich liegt genau hier das Problem. Sollten wir den Menschen als Teil der Natur verstehen oder nicht?
Wollen wir den Begriff Natur definieren, kommen wir nicht umhin, diese Frage zu stellen.
Betrachten wir uns als Glied der Natur, bezieht der Ausdruck schlüssigerweise alles vom Menschen Geschaffene mit ein. Zur Natur gehörten dann auch Häuser, Straßen, ja sogar Autos. Nehmen wir umgekehrt an, dass der Mensch nicht Teil des Ganzen ist, sollten wir alles von uns Geschaffene ausnehmen. Als Gegenbegriff von Natur gilt daher der Ausdruck Kultur. Dies erscheint auf den ersten Blick schlüssig, doch nun kommt der Haken.
Vieles, was allgemein als Idealbild von Natur gilt, ist tatsächlich von Menschenhand erschaffen. Einige Beispiele: Wiesen, werden nur durch ihr regelmäßiges Mähen erhalten. Bleibt die sogenannte Mahd aus, wird aus der Wiese langsam aber sicher ein Wald entstehen. Dies gilt auch für Streuobstwiesen. Umweltschützer schätzen sie auf Grund ihrer Artenvielfalt. Doch die entsteht hier nur mithilfe menschlichen Handelns. Auch Teiche sind stets künstlich angelegt. Gehören diese wichtigen Biotope deshalb nicht zur Natur? Sogar ganze Landschaften sind vom Menschen gestaltet. So waren weite Teile Europas, die heute

entwaldet sind, wie z. B. der Mittelmeerraum, früher mit Bäumen bedeckt. Offensichtlich gibt es eine vom Menschen unberührte Natur bei uns heute gar nicht mehr. Dies gilt umso mehr, als der moderne Mensch beispielsweise nicht nur Pflanzen züchtet, sondern sogar neues Leben im Labor erschafft und das Klima beeinflusst. Selbst künstliche Licht- und Lärmquellen wirken massiv auf unsere Umwelt ein. Sieht man den Menschen als Gegensatz zur Natur, wäre sie längst ausgestorben. Umso wichtiger ist der sorgsame Umgang und Respekt vor weitestgehend naturbelassenen Orten.

NATUR UND KINDER
Beide sind schon von der Wortbedeutung auf besondere Weise miteinander verbunden: Denn der Begriff „Natur" stammt vom Lateinischen „natura". Das Partizip „nasci" bedeutet so viel wie entstehen oder geboren werden. „Natur" meint folglich alles Ursprüngliche und Wesentliche. Vom Wortsinn sind Kinder der Natur damit eigentlich näher als Erwachsene. Umso tragischer, wenn Kindern Naturerfahrungen vorenthalten werden. Dabei sind die mannigfaltigen positiven Auswirkungen von Naturaufenthalten unumstritten. Indem wir hier intensiv mit allen Sinnen angesprochen werden, bergen sie ein riesiges Potential an Lernmöglichkeiten: Wir entwickeln ein Gefühl

für unseren Körper und seine Möglichkeiten, indem wir z. B. auf Bäume klettern, auf Steinen balancieren und Zweige biegen. Wir lernen, mit unterschiedlichsten Materialien wie Erde, Steinen, Holz und Wasser umzugehen. Wir erfahren vieles über Pflanzen und Lebewesen und und und.
Darüber hinaus ist ein unbeobachtetes Spielen im Freien für Kinder besonders wichtig. Denn es ermöglicht, eigene Erfahrungen zu machen, eigene Ideen und Ziele zu entwickeln, alleine Freunde zu finden, Probleme und Konflikte selbstständig zu lösen. So fördert es Kreativität, Lernfähigkeit und Selbstbewusstsein.
Experten aller Fachrichtungen sind sich daher einig: Kinder spielen am besten draußen und das selbstbestimmt und in altersgemischten Gruppen. Wichtig ist, dass Kinder Konflikte auch (untereinander) selbst lösen. Erwachsene geben einige Grundregeln vor, vertrauen den Kindern aber bei der Einhaltung (weitere Tipps siehe Seite 18). Schenken wir unseren Kindern also den Freiraum in der Natur, den sie brauchen.

[a]

[b]

DAS IST *wirklich* WICHTIG

[a] **DEN KOMPASS** in der ruhigen Hand ausrichten: Kompassrose so lange drehen, bis Nadel auf N = Norden zeigt.

[b] **ORIENTIERUNG MIT KARTE:** Legt den Kompass ab und wartet, bis die Nadel nach Norden zeigt. Dann die Karte so legen, dass ihr Norden in dieselbe Richtung zeigt.

[c] **WENN WIR UNSEREN STANDORT** in die Karte einzeichnen, wissen wir, in welche Richtung wir gehen müssen.

[d] **DAS KLEINE FENSTER** ist die Visiereinrichtung. Den schwarzen Pfeil in Richtung Ziel halten, um es anzupeilen.

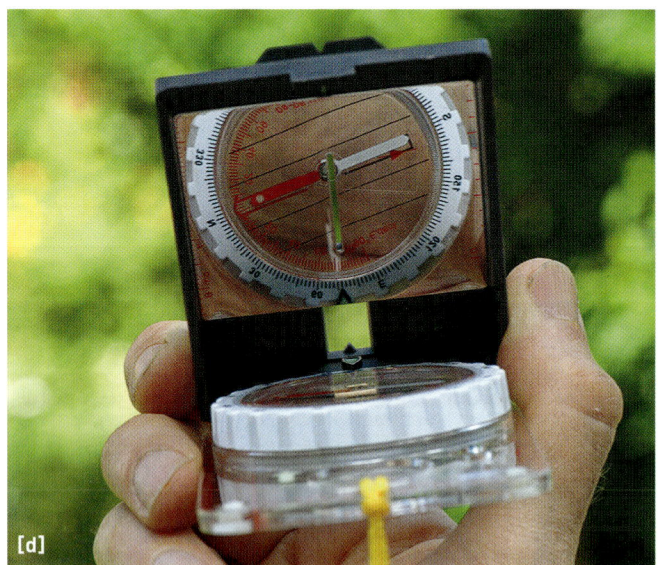

[c]

[d]

14

ENTDECKERTOUR

Orientieren mit Karte und Kompass

Hänsel und Gretel verliefen sich im Wald. Halt. Stopp. Das muss nicht sein!
Wie die beiden auch ohne Brotkrumen den Weg wieder nach Hause finden, lernen
kleine Entdecker hier.

Dabei ist die Technik der Märchengeschwister gar nicht einmal schlecht. Den gegangenen Weg zu kennzeichnen, ist durchaus empfehlenswert. Statt Brotkrumen eignen sich besonders festgeknotete Bänder bzw. Schnüre oder bei trockenem Wetter Kreidemarkierungen. Um sich in unbekanntem Gelände zurechtzufinden und den rechten Weg einzuschlagen, gibt es folgende Möglichkeiten:

ORIENTIEREN MIT KARTE

Es gibt verschiedene Arten von Karten. Zum Wandern oder für Fahrradtouren sind sogenannte topografische Karten am besten geeignet. In ihnen sind neben wichtigen landschaftlichen Merkmalen, wie Erhöhungen, Gewässern und Wäldern, auch Wege eingezeichnet. In welchem Größenverhältnis eine Karte die Welt abbildet, erkennen wir am Maßstab. Je kleiner die Maßstabszahl ist, desto genauer ist die Karte. Moderne Karten sind genordet, d. h. ihre Darstellung ist immer nach Norden ausgerichtet. Wo Norden liegt, erkennen wir an der Spitze des eingezeichneten Nordsterns. Mit dem Merkspruch „**N**icht-**O**hne-**S**eife-**W**aschen" können wir uns den Verlauf der Himmelsrichtungen merken: **N**orden – **O**sten – **S**üden – **W**esten.

ORIENTIEREN MIT KOMPASS

Auch Kompassnadeln richten sich stets nach Norden aus. Das liegt daran, dass sie magnetisch sind und von der Erde angezogen werden. Denn unsere Erde selbst ist ein riesiger Magnet. Seine beiden Pole liegen im Norden und Süden. Die Kompassnadel zeigt daher immer die Nord-Südachse an. Ihre Spitze ist entweder farbig oder schwarz und zeigt Richtung Norden.

ORIENTIEREN AN DER NATUR

Neben den Himmelsgestirnen (siehe Seite 143) liefert auch die Pflanzen- und Tierwelt Hinweise auf Himmelsrichtungen. So befinden sich Ameisenhaufen stets im Süden von Bäumen oder anderen Erhebungen. Bei Bäumen, vor allem im freien Gelände, ist hingegen die Wuchsrichtung aufschlussreich. Da der Wind bei uns häufig aus Westen kommt, wachsen sie meist in Richtung Osten. Ihre Nord-Westseite ist deshalb stärker mit Moos und Flechten bewachsen. Wer sich in Sichtweite von Häusern bewegt, kann sich auch an Satellitenschüsseln orientieren: Sie sind immer etwa Richtung Süden ausgerichtet.

VORBEREITUNG ENTDECKERTOUR

Alle, die auf Expedition, also auf Forscherreise, gehen wollen, bereiten sich gut vor. Die Länge der Strecke richtet sich nach Alter, Ausdauer und Erfahrung der Entdecker. Und natürlich nach dem Gelände. Gibt es viel am Wegesrand zu erspähen, und/oder ist das Gelände bergig, sollten wir lieber etwas mehr Zeit einplanen. Eine Route von 3 bis 5 km ist für Einsteiger im Grundschulalter ideal.

HILFREICHE FRAGEN BEI DER PLANUNG EINER ENTDECKERTOUR

• Welche schönen oder interessanten Plätze wie Höhlen, Badeseen, Bachläufe, Ameisenhaufen etc. gibt es in der Umgebung?
• Wie ist das Wetter und wie wird es sich laut Wettervorhersage entwickeln?

[1.]

[2.]

[3.]

SÄUGETIERE
Ureinwohner und Neubürger

Dem Säugen der Jungen durch die Weibchen verdanken sie ihren Namen. Der Überblick zu Altbewohnern und neuangesiedelten Arten birgt Überraschungen.

EICHHÖRNCHEN [1.]

Sciurus vulgaris – alteingesessen
Zählt zur Untergruppe der Nagetiere. Auch Rothörnchen genannt. Der Körperbau ist dem Lebensraum Baum perfekt angepasst. Dank kurzer, kräftiger Beine ein hervorragender Kletterer. Der puschelige Schwanz wird sowohl als Balancierhilfe, als Steuerruder bei bis zu 5 m langen Sprüngen oder zum Wärmen im Winter genutzt. Zieht sich zum Ausruhen, Schlafen und bei extremen Temperaturen in kugelförmiges Baumnest zurück. In diese schwer zu entdeckenden Kobel klettert es von unten hinein. Hält Winterruhe. Ernährt sich dann von im Herbst angelegten Vorräten aus Nüssen und Eicheln. Diese vergräbt es meist in Erdlöchern. Nicht gehobene Vorräte beginnen im Frühjahr oft zu keimen. Sein Verhalten sorgt so für die Baumvermehrung. Das verwandte Grauhörnchen findet seine Vorräte wesentlich zuverlässiger, ist aber bei uns noch nicht anzutreffen. Ein Weibchen kann zweimal im Jahr bis zu fünf Junge werfen, wovon nur jedes fünfte das erste Lebensjahr überlebt.

WILDKANINCHEN [2.]

Oryctolagus cuniculus – eingebürgert
Stammt ursprünglich von der Iberischen Halbinsel. Der verwandte Feldhase (Porträt siehe Seite 101) ist dagegen eine heimische Art. Im Unterschied zu ihm ist es insgesamt kleiner. Ohren und Hinterläufe sind kürzer. Legen unterirdische Baue an. Pflanzenfresser, leben in sämtlichen grünen Gebieten. Sind häufig dämmerungs- und nachtaktiv. Bis sieben Würfe mit etwa fünf bis sechs Jungen von Februar bis November. Bestände seit den 1990er Jahren aufgrund von Seuchenbefall stark zurückgegangen.

REH [3.]

Capreolus capreolus – alteingesessen
Lebt in Feldern, Wiesen und Wäldern, auch in städtischen Bereichen. Pflanzenfresser und Wiederkäuer. Ursprünglich tag-, heute eher dämmerungsaktiv. Paarungszeit, Brunft genannt, ist Juli und August. Böcke liefern sich im Vorweg Kämpfe. Meist ein bis zwei Junge im Mai bis Juni. Können schon wenige Stunden nach der Geburt laufen, verbleiben aber allein liegend in Wiesen oder ähnlichen Orten (Nicht berühren!). Während des ersten Lebensmonats wechseln die Kitze täglich den Liegeplatz, danach äsen sie mit dem Muttertier, der Ricke. Bestand ungefährdet.

DAMHIRSCH [4.]

Dama dama – eingebürgert
Stammt ursprünglich aus Mesopotamien. Lebt in lichten Wäldern und Wiesen. Pflanzenfresser und Wiederkäuer. Männchen erkennbar am Schaufelgeweih. Weibchen heißt Damtier. Gebärt im Juni meist ein Junges, Kalb genannt, seltener zwei. Ähnliches Verhalten wie beim Rehkitz. Begleitet die Mutter jedoch schon nach zwei bis drei Wochen beim Äsen. Insgesamt wesentlich robuster als das Reh. Bestand ungefährdet.

WASCHBÄR [5.]

Procyon lotor – eingebürgert
Stammt ursprünglich aus Nordamerika. Wurde 1934 in Deutschland gezielt angesiedelt. Allesfresser. Überwiegend nachtaktiv. Besiedelt vor allem gewässernahe Gegenden mit Laub- und Mischwald, aber auch städtische Gebiete. Ungewöhnlich geschickt mit seinen beweglichen Pfoten, ausgeprägter Tastsinn. Nahrung wird so eingehend untersucht. Paarung im Februar. Die Fähe (Weibchen) bringt gut zwei Monate später zwei bis vier Welpen (Junge) zur Welt. Bestände vor allem in Hessen, Thüringen, Nordrhein-Westfalen und Brandenburg. Ungefährdet.

SEEHUND [6.]

Phoca vitulina – alteingesessen
Ursprünglich sowohl an der deutschen Nord- als auch an der Ostseeküste heimisch. Dort jedoch bis Anfang des vorigen Jahrhunderts fast ausgerottet. Meisterschwimmer, der bis zu 20 Minuten und 100 m tief tauchen kann. Weibchen bringen im Mai und Juni ein bis zwei Junge zur Welt. Aufgrund ihrer lauten Rufe, wenn die Mutter auf Nahrungssuche ist, werden sie Heuler genannt. Bestand gefährdet.

Andere Neozoen, d. h. nach 1492 angesiedelte Säugetiere in Deutschland

- **Amerikanischer Nerz** *Mustela vison* (aus Nordamerika)
- **Bisam** *Ondatra zibethicus* (aus Nordamerika)
- **Europäischer Mufflon** *Ovis ammon musimon* (aus Sardinien und Korsika)
- **Marderhund** *Nyctereutes procyonoides* (aus Asien)
- **Nutria/Bisamratte** *Myocastor coypus* (aus Südamerika)
- **Sikahirsch** *Cervus nippon* (aus Asien)
- **Wanderratte** *Rattus norvegicus* (aus Asien)

Andere ursprünglich heimische Säugetierarten in Deutschland

- **Braunbär** *Ursus arctos* (fast ausgestorben)
- **Europäischer Biber** *Castor fiber* (Vorwarnliste)
- **Europäischer Dachs** *Meles meles* (siehe Tierspuren, Seite 103; nicht mehr gefährdet)
- **Feldhase** *Lepus europaeus* (gefährdet)
- **Fischotter** *Lutra lutra* (gefährdet)
- **Hermelin** *Mustela erminea* (nicht mehr gefährdet)
- **Igel** *Erinaceus europaeus* (siehe Nachtaktive, Seite 138; weit verbreitet)
- **Kegelrobbe** *Halichoerus grypus* (sehr gefährdet)
- **Mauswiesel** *Mustela nivalis* (nicht mehr gefährdet)
- **Luchs** *Lynx lynx* (wieder angesiedelt)
- **Rotfuchs** *Vulpes vulpes* (siehe Tierspuren, Seite 102; weit verbreitet)
- **Schweinswal** *Phocoena phocoena* (gefährdet)
- **Wildschwein** *Sus scrofa* (siehe Tierspuren, Seite 103; weit verbreitet)
- **Wolf** *Canis lupus* (fast ausgestorben)

[4.]

[5.]

[6.]

SÄUGETIERE gehören zu den Wirbeltieren. Neben dem Säugen ist das wärmende Fell, mit dessen Hilfe sie die Körpertemperatur stabil halten, ein weiteres wichtiges Merkmal.

NIX WIE RAUS!

Was Eltern wissen sollten

Die meisten Kinder wachsen heute in der Stadt auf. Doch selbst auf dem Land sind die natürlichen Freiräume begrenzt. Hier die besten Tipps, die Kindern Lust auf ausgiebige Frischluftabenteuer machen.

Naturerfahrungen sind für Kinder unersetzlich. Das ist in der Wissenschaft unbestritten. Denn offensichtlich können Kinder an keinem anderen Ort auf gleiche Weise lernen wie hier.

Gerade Eltern von Stadtkindern sollten deshalb für einen Ausgleich zum Stadtleben sorgen. Regelmäßige Ausflüge in nahegelegene Wälder, ans Meer oder in die Berge sind ein Anfang. Dabei geht es auch darum, den Kindern Freizeit (im wahrsten Sinne des Wortes) in der Natur zu schenken, die sie selbst gestalten können. Am liebsten verbringen Kinder die Zeit dort mit Freunden.

FREIHEIT UND SICHERHEIT

Eltern sind vor allem bei den ersten selbstständigen Erkundungen der Kleinen im Grünen oft besorgt. Doch wir sollten uns stets bewusst machen: Nirgends lernen Kinder besser und schneller fürs Leben. Dazu benötigen sie Freiräume, in denen sie ein Vertrauen in die eigenen Fähigkeiten entwickeln können. Ständiges Programm und Überbehütung sind fehl am Platze. Aus Langeweile entstehen oft die schönsten Ideen und Spiele. Auch Leistungsdruck und übertriebene Rivalität, die den (Schul-)Alltag vieler Kinder heute prägen, können hier vergessen werden. Gleichzeitig sollten wir Kinder aber auch über ernste Gefahrenquellen aufklären. Richtige Verhaltensweisen für den Notfall sollten besprochen werden. Dazu gehören das Bekanntmachen

TIPP: Ermöglichen Sie Ihren Kindern so oft wie möglich selbstbestimmtes Spielen mit anderen an naturbelassenen Orten.

mit heimischen Giftpflanzen (siehe Seite 20) und das richtige Verhalten bei extremen Wettersituationen wie Gewitter oder Sturm. Auch regelmäßiges Schwimmen und Klettern macht fit für die Natur.

LUSTMACHER AUF FRISCHLUFT

1. Bücher machen neugierig. Sachbücher vermitteln Hintergrundwissen und das macht bekanntlich „Ah!". Es gibt Bücher zu allen Themen und für alle Altersstufen. Ein Ausflug in den Wald ist ungemein spannender, wenn wir etwas über die dort vorkommenden Pflanzen und Tiere wissen. Bestimmungsbücher speziell für Kinder regen an, unbekannte Arten zu entdecken. Aber auch erdachte Geschichten können sehr inspirierend sein. So werden in den Büchern von Astrid Lindgren viele Anregungen für einfache Unternehmungen im Freien gegeben.

2. Geschichte(n) selbst erleben. Wer möchte nicht gerne einen Indianerschatz heben, eine Räuberhöhle oder das geheime Leben im Bach entdecken? Häufig braucht es nicht viel, die Fantasie und Begeisterung der Kinder zu entfachen. Und mit einem Liedchen auf den Lippen lockt sogar der Frühtau zu Berge.

3. Erst das Vergnügen, dann die Anstrengung. Eltern beginnen gerne mit der Pflicht und lassen die Kür folgen. Doch warum

nicht einmal andersherum versuchen? Eine Aktivität mit etwas Angenehmem zu starten, schafft gute Stimmung. Die Laune für spätere Anstrengungen steigt. Also die Fahrradtour ins Grüne mit einer Bahn- oder Fährfahrt beginnen. Oder auf den Berg mit der Seilbahn fahren und von dort aus zu weiteren Wanderungen starten. Außerdem am besten mit kurzen, schönen Strecken beginnen und dann langsam steigern.

4. Selbst sind die Kinder! Niemand lässt sich gerne umherkommandieren, weder Groß noch Klein. Für einen Familienausflug werden die Kinder am besten frühzeitig in die Planung mit eingeschlossen. Gut ist es, Wahlmöglichkeiten zu lassen. Und dabei ehrlich und konkret zu sein. Soll es der kurze, langweilige Wanderweg sein oder der lange, schwere, an dessen Ende ein Abenteuer wartet? In Aussicht stehende Indianerschätze und Räuberhöhlen wecken ungeahnte Kräfte!

5. Eine Naturforscher-Ausrüstung macht Lust. Am besten sind Kinder robust und praktisch bekleidet. Wer z. B. auf eine Wanderung in die Berge startet, braucht ordentliches Schuhwerk. Alleine die Anschaffung weckt oftmals die Wanderlust. Auch kleine Dinge wie ein Stück Schnur und ein Taschenmesser, eine Becherlupe oder eine eigene Karte und Kompass wecken die Entdeckerfreude.

[1.]

[2.]

[3.]

[4.]

GIFTIGE PFLANZEN

Finger weg von diesen Arten

Gefahr erkannt – Gefahr gebannt. Dies gilt auch für Naturforscher. Vor diesen Pflanzen hüten wir uns besser. Auf manche reagieren wir beim bloßen Hautkontakt oder gar Einatmen.

BLAUER EISENHUT [1.]
Aconitum napellus
Die giftigste Pflanze in Europa!
Wuchs: Einheimische Staude mit aufrechtem Wuchs, bis 1,20 m hoch.
Blüte: Hübsche Blüten in Blau, aber auch Weiß und Lila. Juli bis August.
Giftige Pflanzenteile: Alle Pflanzenteile sind giftig. Bei sensibler Haut kann die bloße Berührung zu Ausschlag führen.
Standort: Wilder Wuchs vor allem im Alpenraum an sonnigen Standorten. Foto zeigt die kultivierte Gartenform.

HERBSTZEITLOSE [2.]
Colchicum autumnale
Wuchs: Aufrechte, kleine Staude, die bereits im Frühjahr Blätter bildet, jedoch erst im Herbst blüht. Höhe zwischen 8 und 30 cm.
Blüte: Rosafarben. September bis Oktober.
Giftige Pflanzenteile: Alle Teile sind sehr giftig, insbesondere aber die Blüte. Aufgrund der großen Ähnlichkeit ist eine Verwechslung mit dem Krokus möglich, der jedoch schon im zeitigen Frühjahr blüht. Blätter ähneln denen des ungiftigen Bärlauchs. Dieser blüht jedoch nur im Frühjahr und zieht sich dann vollständig zurück.
Standort: Weit verbreitet, teilweise massenhaftes Auftreten z. B. auf Wiesen etc.
Vorsicht: Beschwerden können z. T. verzögert auftreten!

ECHTE TOLLKIRSCHE [3.]
Atropa bella-donna
Wuchs: Strauchartiger Wuchs, zwischen 30 cm und 3 m Höhe.
Blüte: Kleine, violette, kelchförmige Blüten, die von Juni bis August meist alleine stehen. Danach bilden sie meist schwarze, seltener auch gelbe Beeren.
Giftige Pflanzenteile: Alle Pflanzenteile, bis hin zu den Wurzeln, sind sehr giftig. Verwechslung mit Esskirschen möglich. Im Unterschied zur Esskirsche wächst die Tollkirsche nicht an Bäumen. Die Beeren hängen zudem nicht an langen Stielen und haben statt einem Kern verschiedene kleine Samen.
Standort: Häufig an Waldrändern und -lichtungen. Vorkommen vor allem im Süden Deutschlands, bis Süd-Niedersachsen.

ROTER FINGERHUT [4.]
Digitalis
Zweijährige Pflanze, die erst im zweiten Standjahr ihren charakteristischen hohen Blütenstand entwickelt.
Wuchs: 80 cm bis 1,5 m hoch. Im ersten Jahr bilden sich die rosettenförmig angeordneten länglichen Blätter, im zweiten Jahr der Stängel mit dem markanten hohen Blütenstand.
Blüte: Viele hängende, kelchförmige, meist rosarote bis pinke, seltener auch weiße und

gelbe Blüten, die kerzenförmig übereinander angeordnet sind. Blüht von Juni bis August.
Giftige Pflanzenteile: Alle Pflanzenteile sind sehr giftig. Bereits der Verzehr von zwei Blättern kann tödlich enden.
Standort: Überall in Deutschland. In der freien Natur in Wäldern, insbesondere an lichten Stellen. Auch eine beliebte Gartenpflanze.

EIBE [5.]
Taxus baccata
Führt regelmäßig die Liste der Vergiftungen mit Pflanzen an.
Wuchs: Strauch oder oft mehrstämmiger Baum mit Nadeln.
Blüte: Unscheinbare weiße bis bräunliche Blüten zwischen den Nadeln direkt am Zweig. Später entstehen aus ihnen die leuchtend roten Beeren.
Giftige Pflanzenteile: Bis auf den roten Samenmantel sind alle Teile hochgiftig.
Standort: Meist in Gärten und Parks, nur noch wenige natürliche Standorte. Liebt kalkreiche Hanglagen.

RIESENBÄRENKLAU [6.]
Heracleum mantegazzianum
Auch Herkulesstaude oder -kraut genannt. Vor allem ältere Kinder spielen mit dem kräftigen Riesengewächs.
Wuchs: Aufrecht. Kräftiger, behaarter und meist violett gefleckter Stängel. Gefächerte Blätter. Sehr schnelles und zeitiges Wachstum. Höhe bis zu 4 m.
Blüte: Weiße Doldenblüten, die sich aus tausenden kleinen Einzelblüten zusammensetzen.
Gefährliche Pflanzenteile: Alle Pflanzenteile rufen über bloße Berührung starke Hautreizungen hervor. Sonnenlicht verstärkt den Effekt, weshalb die Symptome teilweise erst zeitverzögert auftreten.
Standort: In ganz Deutschland. Liebt es sonnig und stickstoffreich. Häufig an Straßenrändern und auf Brachen.

BEIFUSSBLÄTTRIGES TRAUBENKRAUT [7.]
Ambrosia artemisiifolia
Pollen lösen neben Allergien auch Asthma aus – sogar bei bisherigen Nichtallergikern. Invasive Pflanze, verbreitet sich sehr stark.
Wuchs: Einjährige, krautige Pflanze mit gefiederten Blättern.
Blüte: Gelbliche Blüten von Juli bis Oktober.
Giftige Pflanzenteile: Berührung mit Blütenstand oder Kontakt mit Pollen meiden.
Standort: Vor allem in Süddeutschland und in der Lausitz. Wächst in Gärten, an Äckern und Wegrändern.

PFAFFENHÜTTCHEN [8.]
Euonymus altus, Euonymus europaeus
Bekannte giftige Arten für den Garten sind das Europäische Pfaffenhütchen (*E. europaeus*) und die Kork-Spindel (*E. altus*). Beide besitzen zierende, rötliche Fruchtkapseln.
Wuchs: 2 bis 6 m hoch, die Kork-Spindel bleibt kleiner mit einer Höhe von 2 bis 3 m.
Blüte: Unscheinbar von Juni bis Juli.
Giftige Pflanzenteile: Alle Teile sind giftig, insbesondere aber die Samen.
Vorsicht: Vergiftungsbeschwerden zum Teil viele Stunden nach dem Verzehr!
Standort: In ganz Europa an Waldrändern und Abhängen.

Weitere giftige Pflanzen in Garten und Natur: Aronstab (*Arum italicum, A. maculatum*), Buchsbaum (*Buxus sempervirens*), Buschwindröschen (*Anemone nemorosa*), Christrose (*Helleborus niger*), Eberesche (*Sorbus aucuparia*), Efeu (*Hedera helix*), Eibe (*Taxus baccata*), Hartriegel (*Cornus*), Heckenkirsche (*Lonicera*), Kaiserkrone (*Fritillaria imperialis*), Kirschlorbeer (*Prunus laurocerasus*), Lebensbaum (*Thuja*), Liguster (*Ligustrum vulgare*), Lupine (*Lupinus*), Maiglöckchen (*Convallaria majalis*), Nachtschattengewächse (grüne Früchte), Rhododendron (*Rhododendron*), Schlafmohn (*Papaver somniferum*), Schneeball (*Viburnum*), Stechapfel (*Datura*), Tabak (*Nicotiana*), Tulpe (*Tulipa*).

[5.]

[6.]

[7.]

[8.]

FEIERN IM FREIEN
Spiele für jede Jahreszeit

Kindergeburtstage feiern wir am besten draußen. Denn dort ist mehr Platz und die Kinder können sich richtig austoben. Hier die besten Spiel- und Bastelideen – für Sonne, Regen oder Schnee.

Das Wetter ist, wie es ist. Wir können darauf bei unserer Vorbereitung keinen Einfluss nehmen. Dennoch haben Feiern an der frischen Luft in jeder Jahreszeit ihren Reiz.

Auf den Einladungskarten sollte aber unbedingt um passende Bekleidung für das Wetter gebeten werden.

GRUPPENSPIELE IM FREIEN

Klassiker unter den Spielen sind Schnitzeljagd, Rallye oder eine einfache Schatzsuche. Sie lassen sich gut vorbereiten und sind bei fast jedem Wetter möglich. Weniger bekannte Ideen gibt es nun.

SCHLECHTWETTER-SPIELE

Bei Sonnenschein draußen feiern – kann ja jeder! Doch auch bei Regenwetter gibt es viele tolle Aktivitäten im Freien. Zu Beginn können die Kinder einen kleinen Unterstand bauen. Hilfreich sind dabei eine große Plane, etwas Schnur und einige Äste oder Baumstämme (siehe Knoten und Bünde, Seite 75). Danach können Pfützen gestaut und umgeleitet werden. Kleine, selbstgebaute Rinden- oder Blattboote können hier zu Wasser gelassen werden. Wer springt am weitesten über die Pfützen? Auch im Baggermatsch lässt sich herrlich spielen. Barfuß durch den Matsch zu marschieren, ist ein besonderer Spaß. Bei Nieselwetter können Tierspuren in Gips gegossen werden (siehe Seite 101). Bei starkem Regen lohnt es sich zu prüfen, wie viel Wasser wir in verschiedenen Gefäßen einfangen können. Oder wie wäre es mit einem Pinguinlauf? Dazu werden zwei Teams gebildet. Je zwei Kinder verkleiden sich mit Schwimmflossen, Schwimmflügeln und Taucherbrille. Auf ihren Füßen liegt ein Ball, ihr Pinguinei. Dies müssen sie in einem Wettlauf um ein Hindernis balancieren. An der Start-Ziellinie wird die Verkleidung gewechselt und die nächsten Pinguine auf die Reise geschickt. Wer bringt das Ei zuerst sicher nach Hause? Dieses Spiel kann natürlich auch bei Sonne und Schnee gespielt werden.

SPIELE IM SCHNEE

Besonders bei Eis und Kälte ist eine passende Bekleidung der Kinder unerlässlich. Zusätzlich werden am besten noch Heißgetränke wie Kinderpunsch und Tee eingepackt. Auch spezielle Wärmepads, die in Jackentaschen und Schuhe gesteckt werden können, sind gute Soforthelfer vor Ort. Besonders schön und überaus wirksam ist zudem ein Lagerfeuer (siehe Seite 141). Mit einem Dreibein kann darüber eine feine Suppe erwärmt werden. Stockbrot, Würstchen und Marshmallows werden am Stock geröstet. Weitere Ideen (nicht nur) für Kindergeburtstage im Schnee siehe Seite 127.

SPIELE BEI SONNENSCHEIN

Bei Wärme sind Spiele mit Wasser besonders schön. Im eigenen Garten kann ein einfacher Gartenschlauch eine echte Attraktion sein. Wer hat Lust, einen Regenbogen selbst zu machen? Dazu stellen sich die Kinder mit Sprühpistole in der Hand so hin, dass sie die Sonne im Rücken haben. Im Sprühnebel können wir dann einen Regenbogen leuchten sehen. Beim Spiel „Kirschen ernten" werden an einer Wäscheleine hängende Kirschen mit dem Mund abgepflückt. Lustig ist auch, Äpfel aus einer Wanne mit dem Mund zu angeln. Oder soll es doch lieber an den Strand gehen? Er bietet sich an für körperbetonte Spiele, da man weich fällt. Wie wär's mit Wettrennen wie dem Muschellauf (zwei Teams, Muschel wird auf Stirn balanciert) oder dem Kokosnusslauf (wieder zwei Teams, Nuss wird auf Löffel balanciert). Auch Klassiker wie Tauziehen, Weitsprung, Fangen oder Sackhüpfen bringen hier Spaß. Oder wer schafft es, auf einem Ball zu balancieren? Mit Steinen können wir einen Wurfwettbewerb starten und Türme oder sogar Brücken (siehe Seite 97) bauen. Ruhiger geht es bei künstlerischen Tätigkeiten zu: Aus zuvor gesuchten Naturmaterialien wie Muscheln, Steinen, Federn und Seetang legen die Kinder Mandalas oder andere Bilder und Figuren. Daraus kann auch ein Spiel entstehen: Der Spielleiter flüstert einem Kind einen Begriff zu, der dann mit den Naturfundstücken dargestellt werden muss. Die anderen Kinder dürfen raten, worum es sich handelt. Statt der Fundstücke kann der Begriff auch mit einem langen Stück Schnur gelegt werden. Wie bei der Zeichnung vom Haus vom Nikolaus bilden wir den Begriff dann aus einer fortlaufenden Linie.

MOTTOIDEEN FÜR NATURFEIERN

Indianer: Kostüme mit Ketten und Kopfschmuck aus Naturfundstücken. Pfeil und Bogen, Friedenspfeife und Steckenpferd basteln. Tipi bauen aus langen Stöcken, Stoffen oder Plane.

Steinzeitmenschen: Kleider aus bemalten oder mit buntem Stoff verzierten Kartoffelsäcken. (Feuer-)Steine suchen und bestimmen. Feuermachen und dann Essen garen.

Dschungel: Kinder verkleiden sich als wilde Tiere oder Naturforscher. Spielidee „Verirrt": Die Kinder bewegen sich mit geschlossenen Augen auf Zuruf z. B. zwei Schritte nach hinten, vier nach rechts, drei nach links etc.

Feenwelt: Kinder sind verkleidet als Elfe und Trolle. Aus Weiden werden Flügel und Zauberstäbe gebastelt. Aus Pflanzen wird Tinte und Farbe hergestellt.

AB IN DIE WIESE

Ein Paradies für die Sinne

SCHMETTERLINGE TANZEN ÜBER EIN
BLÜTENMEER. EIN ZIRPEN, SURREN UND
PIEPEN LIEGT IN DER LUFT. SANFT FÄHRT
DER WIND DURCH DIE GRÄSER. WAS FÜR
EIN UNBESCHREIBLICH SÜSSER DUFT –
SO RIECHT DER SOMMER!

[a]

[b]

DAS IST *wirklich* WICHTIG

[a] **DAS FORSCHUNGSOBJEKT** auf dem Papier ausbreiten. Vorsichtig mit einem zweiten Papier abdecken.

[b] **DIE PRESSE** schließen und gut festschrauben. Wer keine zu Hause hat, beschwert einfach mit dicken Büchern.

[c] **NACH EIN PAAR TAGEN** die platte, getrocknete Pflanze aufkleben. Echte Naturforscher beschriften noch mit Fundort, Datum, Uhrzeit und Namen.

MYOSOTIS

[c]

NATURTAGEBUCH

Herbarium mit Wildblumen

Kinder forscht! Ein Naturtagebuch ist eine spannende Sache. Viele eigene Eindrücke und Beobachtungen kann man hier dokumentieren. Erlaubt ist, was Spaß macht.

Es darf gemalt und gebastelt, fotografiert und gedichtet, gesammelt und gepresst, überlegt, vermutet und ausprobiert werden. Besonders spannend ist es, wie erwachsene Forscher Fragen zum Beobachtungsobjekt zu stellen. Viele Antworten lassen sich einfach durch das genaue Hinsehen finden. Und darin sind Kinder schließlich wahre Meister.

IDEEN FÜR JUNGE FORSCHER

Schöne Projekte für ein Naturtagebuch sind z. B.: Welche unterschiedlichen Pflanzen wachsen in meiner Straße? Welche davon wachsen wild und welche wurden gepflanzt? Welche unterschiedlichen Blattformen finde ich? Wie verändert sich der Baum vor meinem Fenster im Lauf der Jahreszeiten? Wo finde ich die meisten Regenwürmer und wie bewegen sie sich? Wie viele Lebewesen finde ich in einem Eimer Teichwasser, einem Eimer Gartenerde und einem Eimer Wiesenschnitt?

Zur Ausrüstung der jungen Forscher gehören ein Notizblock mit Bleistift, eine (Becher-)Lupe, ein gutes Bestimmungsbuch, eine Armbanduhr, evtl. ein Messerchen und ein Fotoapparat. Beobachtungen können so in Wort und Bild mit Datum und Uhrzeit versehen und festgehalten werden. Interessant ist es, sich wie erwachsene Forscher am Anfang der Untersuchungen verschiedene Fragen z. B. zu einem Tier oder einer Pflanze zu stellen. Zwei Beispiele:

IVA HAT FRAGEN ZUR SCHNIRKELSCHNECKE

- Wann und wo sehen wir die Schnecke?
- Wie groß ist sie?
- Wie sieht ihr Gehäuse aus? Form, Farbe etc.
- Wann guckt die Schnecke aus ihrem Haus und wann zieht sie sich zurück?
- Wie viele Fühler hat sie?
- Was frisst sie und wie?
- Wie bewegt sie sich?
- Wächst ihr Gehäuse?
- Wie vermehrt sie sich?

LASSE HAT FRAGEN ZUR WILDEN MÖHRE

- Wo wächst sie am liebsten?
- Wie groß wird sie?
- Welche Pflanzen wachsen in ihrer Umgebung?
- Welche Tiere finden wir auf ihr?
- Wie ist ihre Stängel-, Blatt- und Blütenform?
- Wie verändert sie ihr Aussehen?
- Darf ich die Wurzel probieren?

Zu allen Fragen können die Kinder Vermutungen notieren, die über die genaue Beobachtung entweder bestätigt oder widerlegt werden.

ANTWORTEN zu den Fragen von Iva stehen auf Seite 30 im Porträt der Hain-Bänderschnecke, Lasses Antworten im Service-Teil auf Seite 150.

TIPP: Naturforscher zwischen acht und zwölf Jahren können am Bundeswettbewerb für Naturtagebücher vom BUND teilnehmen.

WUNDERWELT WIESE

Ausflüge ins hohe Gras

Eine Blumenwiese mit allen Sinnen zu erleben, ist ein echtes Abenteuer.
Für viele Pflanzen und Tiere ist sie ein unersetzlicher Lebensraum.
Leider ist sie bedroht.

WIE ENTSTEHT EINE WIESE?

Wiesen sind ebenso wie Weiden Grünland der Bauern. Sie nutzen sie zum Heumachen, damit Weidetiere wie Kühe und Pferde auch im kargen Winter mit Nahrung versorgt werden können. Nur das regelmäßige Mähen, Mahd genannt, erhält die Wiese. Andernfalls würde aus nachwachsenden Sträuchern und Bäumen mit der Zeit ein Waldgebiet entstehen. Wiesen sind also keinesfalls ein rein natürlicher, sondern vor allem ein vom Menschen geschaffener Lebensraum. Bis ins frühe Mittelalter bestanden weite Teile Europas aus Wäldern, Lichtungen, Mooren und Wasserflächen. Die Wiesenpflanzen konnten sich vor allem in Weidegebieten von Wildtieren und Überschwemmungszonen entwickeln und ausbreiten. Erst mit der intensiveren landwirtschaftlichen Nutzung gewannen Wiesen an Bedeutung. Viele Menschen denken, wenn sie den Begriff Wiese hören, an das beschriebene Blütenmeer. Neben solchen Blumenwiesen, gibt es aber z. B. auch die besonders artenreichen Streuobstwiesen sowie Feucht-, Fett- und Magerwiesen. Alle haben unterschiedliche Bodenansprüche. Blumen können sich vor allem auf nährstoffarmen, Gräser auf nährstoffreichen Böden durchsetzen. Bestimmte Arten bezeichnet man daher als Zeigerpflanzen, da sie helfen, den Nährstoffgehalt festzustellen. Um welchen Wiesentyp es sich handelt, kann man leicht mit einem guten Bestimmungsbuch herausfinden. Wir fragen dabei, welche und wie viele Pflanzen einer Art auf einem Wiesenstück wachsen. Unsere Ergebnisse notieren wir in einer einfachen Tabelle oder zeichnen sie in einem kleinen Wiesenplan ein.

WIESE IN GEFAHR

Bedroht sind vor allem Wiesenformen, die auf mageren Böden wachsen. Denn heute ist die Erde vielfach durch die intensive Landwirtschaft künstlich gedüngt, ja sogar überdüngt. Dies begünstigt das Wachstum der meist mehrjährigen Gräser. Viele eher kurzlebige Blumenarten hingegen werden verdrängt. Hinzu kommt, dass Wiesen heute wesentlich häufiger im Jahr und mit modernen Maschinen gemäht werden. Über Jahrhunderte wurden sie zweimal jährlich gemäht, heute jedoch bis zu sechsmal. Deshalb kommen viele Blumenarten nicht mehr zur Blüte und können sich nicht mehr aussäen. Tiere, die bestimmte Pflanzenarten bevorzugen, sind damit ebenso bedroht. Eine zusätzliche Bedrohung der Tierwelt geht von den großen und schnellen Mähmaschinen aus. Viele Wiesenbewohner können nicht rechtzeitig flüchten oder sich verkriechen.

WIESENSCHÜTZER WERDEN

Doch was können wir konkret tun, um den Lebensraum Wiese zu schützen? Auf die Arbeit der Bauern können wir ein wenig Einfluss nehmen, indem wir vor allem Bio-Lebensmittel kaufen. Eine gute Idee ist zudem, selbst eine Wiese anzulegen. Dies kann im eigenen Garten oder an anderen Plätzen geschehen. Dabei gilt, je größer die Fläche, desto besser. Wichtig ist, dass der Standort am besten den ganzen Tag von der Sonne beschienen ist. Denn dies mögen Wiesenblumen am liebsten. Auch eine magere, also nährstoffarme Erde ist wichtig. Der Boden sollte daher längere Zeit nicht gedüngt worden sein. Zusätzlich kann er mit Sand vermischt werden. Die Samen kann man im Sommer mit einem wollenen Handschuh von einer blühenden Wiese einsammeln oder man kauft eine passende Mischung im Handel.

TIERE ENTDECKEN

Wer die Tierwelt einer Wiese entdecken möchte, braucht nicht viel. Als Erstes ziehen wir ein kleines, weißes Tuch vorsichtig durch die Pflanzen und legen es vor uns hin. Mit einem Bestimmungsbuch und einer Becherlupe können wir nun die Arten bestimmen. Generell gilt: Je mehr Arten wir auf einem Stück Wiese entdecken können, desto größer ist ihr ökologischer Wert.

EXHAUSTOR BAUEN

Etwas aufwendiger ist das Basteln eines sogenannten Exhaustors. Mit seiner Hilfe können wir Insekten vorsichtig ansaugen, um sie dann zu beobachten. Dazu brauchen wir ein Marmeladenglas mit Deckel, ein Stück Perlonstrumpfhose, zwei Knick-Strohhalme und etwas Knetmasse. Einen Strohhalm umwickeln wir am unteren Ende mit dem Strumpf. In den Glasdeckel bohren wir zwei Löcher und stecken die Halme hindurch. Der Strumpffilter muss dabei in der Deckelinnenseite liegen. Mit der Knetmasse dichten wir das Ganze von außen ab. Saugen wir nun am Filterstrohhalm und halten den anderen in die Wiese, gelangen kleine Insekten in das Glasinnere.

TIPP: Wer einen Streifzug durch eine Wiese plant, verhält sich als echter Naturfreund rücksichtsvoll. Pflanzen und Tiere sollten möglichst wenig gestört werden. Hunde sollten angeleint sein und ihr Geschäft anderweitig verrichten. Auch die richtige Kleidung ist hilfreich. Lange, am Knöchel enganliegende Hosen schützen vor Zecken. Wieder zu Hause, wie nach jedem Ausflug in die Natur, suchen wir noch einmal den Körper genau nach den kleinen Krabbeltieren ab.

[1.]

[2.]

[3.]

WILDE WIESENBEWOHNER
Was da kreucht und fleucht

Wiesen sind ein großartiger Lebensraum für viele Tierarten. Vom Erdreich über die Stängel, die Blüten bis zum Luftraum stecken sie voller Leben. Diese Tiere wohnen hier:

FELDMAUS [1.]
Microtus arvalis
Lebt im Bodenbereich. Kopf-Rumpf-Länge 9 bis 12 cm. Junge werden in unterirdischen, grasgefüllten Nestkammern herangezogen. Es werden weitverzweigte Erdbauten angelegt. Neben Wiesen zählen auch Weiden, Äcker, Dünen und trockene Wälder zu ihrem Lebensraum. Ausgewachsene Tiere sind etwa handtellergroß (ca. 9 bis 12 cm), haben einen kurzen Schwanz und ein hellbraunes Fell mit einer weißen Unterseite. Tag- und nachtaktiv. Ernähren sich von Samen und Früchten, Kräutern und Gräsern sowie gelegentlich Insekten. Weitverbreitet. Natürliche Feinde sind Greifvögel und Eulen.

Andere Erdreichbewohner: Wildkaninchen, Maulwurf, Feldspitzmaus, Schermaus, Wühlmaus, Maulwurfsgrille, Insektenlarven wie Engerlinge des Maikäfers, Erdhummeln, Regenwürmer.

HAIN-BÄNDERSCHNECKE [2.]
Cepaea nemoralis
Aus der Familie der Schnirkelschnecken. Lebt im Bodenbereich. Das aus Kalk bestehende gelbliche Gehäuse ist mit dem typischen schwarzen Band versehen.

Bei ausgewachsenen Schnecken ist es etwa fingernagelgroß (ca. 22 bis 25 mm). Neben Wiesen lebt sie in Grünanlagen, aber auch an Felsen und Mauern. Ernährt sich von frischen Pflanzen. Mit ihrem Fuß – das ist der weiche Teil – kann sie unverletzt Messerklingen überwinden. Eine Schnecke hat vier Fühlerpaare. Mit dem unteren riecht sie, mit dem oberen sieht sie. Schnecken sind Zwitter, also zugleich männlich und weiblich. Dennoch befruchten sie sich bei einem zum Teil mehrere Stunden andauernden Liebesspiel, bei dem sie ihre Füße aneinanderreiben. Dabei stoßen sie Liebespfeile ab. Die sehen aus wie kleine, weiße Stachel und stecken im Fuß der Schnecke. Sie bestehen aus Kalk und enthalten Hormone. Im Winter wird das Gehäuse mit einer dünnen Kalkschicht für den Winterschlaf verschlossen.

FELDGRILLE [3.]
Gryllus campestris
Lebt im Bodenbereich. Häufig gehört, jedoch selten erblickt. Etwa fingernagelgroß (20 bis 25 mm). Ähnelt Käfer, mit einem helmartigen Kopf mit zwei langen Fühlern. Schwarz glänzender, länglicher Körper mit Flügeln und kräftigen Hinterbeinen. Allesfresser. Nur die Männchen können das typische Zirpen erzeugen, indem sie die Flügel aneinanderreiben. Gefährdet.

FELDLERCHE [4.]
Alauda avensis
Schneller Läufer und Bodenbrüter. 16 bis 18 cm groß. Drei bis fünf Eier bei zwei Bruten im Jahr. Von der Eiablage bis zum Verlassen der Nester vergehen ca. vier Wochen. Gefieder braun-hell gestrichelt, Bauch und Außenfedern vom Schwanz weiß. Nahrung besteht im Sommer überwiegend aus Insekten, Spinnen und Regenwürmern, im Winter aus Samen. Je nach Standort ziehen die Vögel in wärmere Gefilde oder verbleiben. Noch weit verbreitet. Verwandte Haubenlerche weit stärker gefährdet.

Andere Bodenbewohner: Laufkäfer, Tausendfüßler, Asseln, Schnecken, Reptilien und Lurche wie Kreuzotter, Grasfrosch und Erdkröte. Bodenbrütende Vögel wie Kiebitz, Rebhuhn, Braunkehlchen. Säugetiere wie Feldhase und Rehe legen hier zudem im Frühjahr ihre Jungtiere ab.

ZEBRASPINNE [5.]
Argiope bruennichii
Spannt ihre Netze im Stängelbereich. Aufgrund ihres auffällig schwarz-gelb-weiß gestreiften Körpers (der Weibchen) auch Wespen- oder Tigerspinne genannt und leicht zu erkennen. Die hübschen, radförmigen Netze werden etwa 20 bis 70 cm über dem Boden gespannt. Typisch ist eine umlaufende Zickzacklinie. Ernährt sich von Insekten, die im Netz gefangen und vergiftet werden. Kokon mit 300 bis 400 Eiern wird ins Netz gehängt. Weit verbreitet.

Andere Stängelbewohner: Netzbauende Spinnen wie Kreuz- und Krabbenspinne, Feld- und Laubheuschrecken (z. B. Großes Heupferd), Gemeiner Grashüpfer, Schmetterlingsraupen, Blattkäfer (z. B. Rosenkäfer), Zikaden, Wanzen (z. B. Streifenwanzen), Schlupfwespenarten, Blattläuse und Ameisen.

GALLISCHE FELDWESPE [6.]
Polistes dominula
Lebt im Blütenbereich. Gilt als sehr nützlich. Schmaler als gewöhnliche Wespen. Arbeiterinnen bis 15 mm, Königin 18 mm groß. Nestwabe ist etwa 10 cm groß und wird z. B. an Stängel gehängt. Ernährt sich sowohl von Nektar als auch anderen Insekten und Spinnen.

Andere Blütenschichtbewohner:
Nektar und Pollen suchende Insekten wie Honigbienen, Wildbienen, Hummeln, Wespen, Hornissen, Schwebfliegen, Schmetterlinge; Räuber wie Krabbenspinnen und Käfer.

[4.]

[5.]

[6.]

WISSENSWERT: Die verschiedenen Wiesenschichten weisen ein unterschiedliches Mikroklima auf. In Bodennähe hält sich Feuchtigkeit am besten, denn die hohen Gräser halten die Sonnenstrahlen ab. Wasser verdunstet nur langsam. Die oberen Stängel- und Blütenschichten trocknen hingegen sehr schnell, da sie Wind und Sonne direkt ausgesetzt sind. Gleichzeitig unterliegen sie auch den stärksten Temperaturschwankungen.

DAS IST
wirklich
WICHTIG

[a] BEVOR WIR DIE FRISCHE WEIDE zu einem Tropfen formen, drücken wir mit beiden Daumen von innen kräftig gegen den Zweig und biegen ihn dabei. Dies machen wir mit der gesamten Zweiglänge. So wird der Kranz besonders rund.

[b] DEN ZWEIG tropfenförmig in einer Hand halten und die beiden Enden in die Rundung biegen, sodass sie sich verkanten. Um diesen Kranz weitere mit dem Daumen vorgebogene Weiden wickeln.

[c] IN DAS WEIDENGERÜST ganz nach Geschmack verschiedene Blüten und Gräser stecken. Fertig ist das Elfenkind!

SONNENSCHMUCK

Wilde Kränze und Ketten binden

Wenn Sonne und Sommer lachen, ist die Zeit der Blumenkinder gekommen.
Da darf selbstgemachter Schmuck nicht fehlen. Wir basteln ihn aus Wildblumen,
Gräsern und Zweigen.

Gerade haben wir entdeckt, was für ein außergewöhnlicher und schützenswerter Lebensraum eine Wiese ist. Da versteht es sich von selbst, dass wir sorgsam überlegen, welche Pflanzen wir pflücken. Am besten verwenden wir einzelne Blumen, die in größeren Beständen wachsen. Generell ist das Blumen- und Wildkräutersammeln in kleinen Mengen für den Eigenbedarf in Deutschland erlaubt, nur in Naturschutzgebieten ist es verboten. Gute Fundstellen sind neben Wiesen auch andere sonnige Plätze z. B. die Ränder von Feldern und Wäldern.

BLUMENWAHL
Schöne Wiesenblumen für einen Haarkranz sind z. B. Gänseblümchen, Löwenzahn, Kornblumen, Margeriten, Kamille, Wilde Möhre, Rainfarn, Schafgarbe und Vergissmeinnicht. Vom Klatschmohn eignen sich die Knospen oder die verblühten Blütenkapseln, die eigentliche Blüte zerfällt und verwelkt gepflückt hingegen gleich. Auch hübsche Blätter und Gräser wie Frauenmantel und Acker-Schachtelhalm machen sich gut im Kranz.
Am besten werden die Blumen um die Mittagszeit bei sonnigem Wetter gepflückt oder besser noch mit einem kleinen Messerchen abgeschnitten. So kann die Pflanze gut nachwachsen. Tipp: Die Stängel sollten möglichst lang sein, dann lassen sich die Blumen besser verarbeiten.

ANLEITUNG
Es gibt verschiedene Weisen, einen Blumenkranz zu binden. Auf den Fotos stecken wir die gesammelten Blumen in einen Kranz aus biegsamen Zweigen und Gräsern. Hierin werden die Blüten gesetzt. Eine andere einfache Methode ist, den Kranz aus verschiedenen kleinen Blumensträußen zusammenzubinden. Zum Zusammenfassen eignen sich feste Grashalme oder Sisalband. Tipp: Gekühlt oder in einer Schale Wasser halten die Kränze länger und eignen sich auf diese Weise als schöner Tischschmuck.
Eine einfache Kette lässt sich aus Löwenzahn und Gänseblümchen machen: Mit dem Fingernagel längs ein Loch in den Stängel ritzen, durch das die nächste Blüte samt Stängel geführt wird usw. Auch Blumentatoos schmücken ungemein und sind einfach zu machen. Einfach den Kopf eines Gänseblümchens oder eines Hornveilchens nehmen und auf die angefeuchtete Haut kleben. Besonders gut kleben die Blüten auf etwas Creme, wie z. B. der selbstgemachten Salbe auf der nächsten Seite (Foto siehe Seite 53).

WEITERE IDEEN MIT WILDBLUMEN
Wildblumenbild kleben, ein eigenes Naturtagebuch oder Pflanzenbestimmungsbuch anlegen (siehe Seite 27), Wildblumensamen sammeln, Pflanzenfarben herstellen (siehe Seite 39), Wildblumenrahmen machen, einen Blütenball binden, Blüteneiswüfel machen.

DEN GRÜNEN KORBGRUND NICHT MITKOCHEN

[b]

DAS IST
wirklich
WICHTIG

[a] FÜR DAS BESTE AROMA pflücken wir die Ringelblumenblüten bei Sonnenschein um die Mittagszeit.

[b] VORSICHTIG zupfen wir die farbigen Zungenblätter vom grünen Korbgrund.

[c] UNTER RÜHREN erwärmen wir langsam Öl, Bienenwachs und die Ringelblüten im Wasserbad.

[d] DIE FLÜSSIGE MASSE mit einem Sieb filtern und in die verschließbaren Gläser geben. Ist die Salbe abgekühlt, Gläser verschließen und beschriften.

[c]

[d]

[a]

RINGELBLUMENCREME

Köpfchen voller Sonne

Ringelblumen haben es in sich: Sie blühen hübsch bunt den ganzen Sommer bis in den Herbst hinein und haben zudem eine heilende Wirkung. Sogar das Wetter können sie vorhersagen.

Denn Ringelblumen schließen wie andere sonnenliebende Blumen ihre Blütenkörbchen bei aufziehendem Regen, um sie zu schützen. Die Bauern leiteten daraus früher folgende Wetterregel ab: „Sind die Blüten nach sieben Uhr morgens noch geschlossen, regnet es bestimmt an diesem Tag." Auch mithilfe von Gänseblümchen, Kamille, Löwenzahn und Wegwarte lässt sich das Wetter auf diese Weise vorhersagen. Sie alle gehören zur Pflanzenfamilie der Korbblütler.
Ein Schnitt in die Blüte dieser Pflanzen verrät bei genauem Hinsehen, dass sie sich aus zahlreichen Einzelblüten zusammensetzt. Besonders deutlich ist das beim Löwenzahn, der zur Pusteblume wird. Jeder kleine Samen fliegt dann, einem Fallschirm gleich, allein in die Welt hinaus.

BLÜTENZAUBER AUSSÄEN

Wer selber Ringelblumen anpflanzen will, muss nicht viel beachten. Die Samen der einjährigen Pflanze können direkt ins Beet gesät werden. Sie lieben sonnige Standorte, mit einem eher lehmigen Boden. Nicht so gut vertragen sie zu viel Stickstoff oder Kalium- und Phosphormangel. Dann wird die Pflanze blühfaul. Fühlt sie sich hingegen wohl, sät sie sich gerne selber wieder aus. Getrocknete Blütenköpfe liefern zusätzliches Saatgut für den nächsten Sommer. Tipp: Ringelblumen können im Gemüsebeet gut neben Kartoffeln gepflanzt werden.

REZEPT RINGELBLUMENCREME

Eine gute Creme lässt sich mit wenigen Zutaten herstellen. Je weniger Inhaltsstoffe enthalten sind, desto geringer ist das Risiko, dass Allergien ausgelöst werden.

WIR NEHMEN ...

• zwei gute Kinderhände voll frisch gepflückter Ringelblumenblüten
• 100 ml Mandelöl
• 2 El Bienenwachs
• einen Topf, einen Kochlöffel, eine kleine Schüssel, ein Sieb und
• kleine Marmeladengläser o. Ä.

Wer die Creme direkt im Freien herstellen möchte, braucht einen kleinen Gaskocher. Die Blüten werden an einem sonnigen Tag am besten um die Mittagszeit gepflückt, dann sind sie am aromatischsten [→a]. Statt der frischen Blüten können auch getrocknete verwendet werden, dann reicht die halbe Menge. Wichtig ist, dass nur die bunten Zungenblätter verwendet werden [→b]. Der grüne Korbgrund kann Allergien auslösen. Alle Zutaten werden im Wasserbad vorsichtig bei geringer Hitze miteinander erwärmt [→c]. Die flüssige Masse in die vorbereiteten, sauberen Gläschen geben. Wenn die Salbe abgekühlt ist, das Glas verschließen [→d].

DIE FERTIGE SALBE hat einen feinwürzigen Geruch und kann z. B. bei Hautverletzungen, Ekzemen, Blutergüssen oder Stauchungen Anwendung finden. Am besten wird sie an einem kühlen, dunklen Ort wie dem Kühlschrank aufbewahrt.

[1.]

[2.]

[3.]

[4.]

NATÜRLICH NASCHEN
Essbare Blüten und Kräuter

Ein Spaziergang im Grünen und plötzlich Appetit? Dieser kleine Überblick über essbare heimische Wildblüten und Kräuter hilft.

GÄNSEBLÜMCHEN [1.]
Bellis perennis
Den Namen Bellis – die Schöne – erhielt sie vom Pflanzenforscher Carl von Linné. Sie ist zudem unter zahlreichen anderen Namen bekannt, z. B. Maßliebchen, Maiblume oder Regenblume.
Wuchs: Blattrosette, aus der Blüte samt Stängel emporwächst, bis etwa 15 cm Höhe.
Blüte: Weiß mit rosa Maserung. Von Februar bis in den November. Es handelt sich um eine sogenannte Scheinblüte. Statt einer, wie es den Anschein macht, besteht der Blütenstand aus über hundert winzigen Einzelblüten!
Standort: Auf fast jeder Rasenfläche zu finden, die nicht ständig gemäht wird.
Küche: Schmeckt lecker im Salat, Kräuterquark, zu Pilzen oder in Suppen.
Beobachtungstipp: Richtet ihren Blütenkopf immer nach der Sonne aus. Schließt sich abends und bei Regen.

KORNBLUME [2.]
Centaurea cyanus
Schon die römische Göttin Ceres trug sie als Zierde im Haar. In Deutschland seit etwa 1800 eine beliebte Schmuckpflanze, vor allem wegen ihrer tollen Blütenfarbe.
Wuchs: 20 bis 100 cm hoch, leuchtend azurblaue Blüte von Juni bis September.

Standort: Volle Sonne, gerne sandiger, trockener Untergrund. Wächst häufig am Rand von Getreidefeldern.
Küche: Getrocknete Blüten färben Zucker und Salz schön blau.

SCHWARZER HOLUNDER [3.]
Sambucus nigra
Sowohl die weißen Blüten als auch die dunkelvioletten Beeren lassen sich sehr schmackhaft verarbeiten zu Limonade, Sirup, Saft oder Suppe. Die Beeren sind besonders Vitamin-C-haltig, jedoch ungekocht giftig. Dies gilt nicht für die Blüten. Holunder ist Lebensraum und wichtige Futterquelle für Insekten und Vögel.
Wuchs: Sommergrün. Breit aufrecht oder schirmförmig, Höhe 3 bis 8 m. Sehr schnellwüchsig. Blüht in weißen Dolden im Mai und Juni. Ernte der reifen, dunkelvioletten Beeren im Spätsommer.
Standort: Sehr anpassungsfähig, wächst häufig an Waldrändern und Böschungen.
Küche: Rezepte siehe Seite 86/87.
Basteltipp: Das Holz eignet sich gut zum Basteln oder für Insektenhotels, da es einen besonders großen, weichen, herausnehmbaren Kern besitzt.

RINGELBLUME [4.]
Calendula officinalis
Den ringelförmigen Samen verdankt sie ihren Namen. Typische robuste Bauerngartenpflanze. Dort werden Gemüsepflanzen mit einjährigen Sommerblumen gemischt.
Wuchs: 30 bis 50 cm hoch, aufrecht, teils buschig wachsend.
Standort: Mittlerer Nährstoffbedarf.
Küche: Wie Gänseblümchen, z. B. in Kräuterbutter, Salaten und Suppen. Getrocknete Blüten auch als Safranersatz, färben goldgelb.
Blüte: Farben gelb und orange von Mai bis September. Es gibt gefüllte und ungefüllte Sorten. Um die Blütezeit im Garten zu verlängern und einen kompakten Wuchs zu fördern, Verblühtes regelmäßig entfernen.

GIERSCH [5.]
Aegopodium podagraria
Wuchs: Stängel im Schnitt kantig, weiße Doldenblüten von Juni bis Juli, stark wuchernd.
Standort: Liebt schattig-feuchte Plätze, wächst häufig an Bächen und Waldrändern.
Küche: Wohlschmeckend sind vor allem die zarten, jungen Blätter, Stiele entfernen. Junge Blätter roh als Salat, die Älteren wie Spinat zubereiten oder als Suppe.
Vorsicht: Verwechslungsgefahr mit dem giftigen Taumel-Kälberkropf, er hat jedoch gefiederte Blätter und wird bis 1,40 m hoch.
Heilende Wirkung: Entgiftend. Altes Mittel gegen Gicht und Rheuma.

WALDMEISTER [6.]
Galium verum
Wuchs: Flacher, ausläufernder Wuchs mit kleinen, sternförmigen Blättern und weißen Blüten von April bis Juni.
Standort: Mag feuchte, nahrhafte Böden.
Küche: Nicht in Massen verzehren – übermäßiger Genuss führt zu Kopfschmerzen!

Wird frisch vor allem zum Würzen von Maibowle verwendet. Dazu das Kraut mit Zitronenbrause oder Mineralwasser mischen.

BÄRLAUCH [7.]
Allium ursinum
Erscheinung: Lange, spitz zulaufende Blätter, die aus der Zwiebel wachsen, weiße, feine Blüten von Mai bis Juni.
Standort: Mag es schattig und waldig mit kalkhaltigem, nahrhaftem, feuchtem Boden.
Küche: Intensiver knoblauchartiger Geschmack. Schmeckt am besten vor der Blüte ab Mai, Blätter ziehen sich danach zurück. Verarbeitung z. B. als Pesto oder für Kräuterbutter.
Vorsicht: Verwechslungsgefahr mit dem giftigen Maiglöckchen!
Heilende Wirkung: Sehr alte Heilpflanze, bei Bluthochdruck und Verdauungsstörungen. Wirkt gefäßerweiternd, senkt Cholesterinspiegel.

VOGELMIERE [8.]
Stellaria media
Erscheinung: Sternförmige, kleine, weiße Blüten, die an langen, haarigen, flach am Boden wachsenden Stängeln wachsen.
Standort: Liebt feuchte, stickstoffreiche Böden z. B. auf Äckern, an Wegen oder Gärten.
Küche: Hoher Gehalt an Vitamin C, jedoch auch an sog. Saponinen. Daher nur kleine Mengen verspeisen. Zubereitung z. B. in Salat, Suppe oder als Würzkraut.
Heilende Wirkung: Regt Stoffwechsel und Verdauung an, hilft bei Hautproblemen und Hämorriden.

Andere: Brennnessel, Sauerampfer, Wiesenkerbel, Löwenzahn, Borretsch, Wegwarte, Wiesen-Glockenblume.

TIPP: Speisepflanzen fern von typischen Gassistrecken pflücken. Vor dem Verzehr gründlich waschen. Am besten ernten wir mit einem kleinen Messerchen und nur so viel, wie tatsächlich benötigt wird. In einer kleinen Tüte bleiben die Pflanzen kurze Zeit frisch.

[5.]

[6.]

[7.]

[8.]

[a]

DAS IST *wirklich* WICHTIG

[a] **JE MEHR** verschiedene Pflanzen wir sammeln, desto mehr Farben haben wir später für unseren Naturmalkasten.

[b] **DIE PFLANZEN** mit etwas Wasser und Alaunpulver aufkochen. Es hilft, die Farbstoffe herauszulösen.

[c] **DEN PFLANZENSUD** durch ein Sieb in saubere Gläser pressen.

[d] **RAN AN DIE PINSEL!** Pflanzenfarben sind leicht durchscheinend und ähneln Aquarellfarben.

[b]

ALAUN LÖST DIE FARBE AUS DEN PFLANZEN.

[c]

[d]

NATURKUNSTWERKE

Pflanzenfarben und Pinsel basteln

Menschen verwenden seit Jahrtausenden die Farben der Natur. Wir können mit ihnen zeichnen, färben und basteln. Auch einfache Pinsel fertigen Kinder leicht aus Naturstoffen.

EXPERIMENTIEREN ERLAUBT!

Die beste Zeit zum Herstellen von Naturfarben ist das Sommerhalbjahr, wenn alles grünt und sprießt. Einige Farben lassen sich aber auch im Winter herstellen. Einen Überblick, welche Pflanzen besonders gut färben, gibt es auf der nächsten Seite. Grundsätzlich färben aber alle Pflanzen. Experimentieren ist also erlaubt. Häufig färben einzelne Pflanzenteile wie Blätter, Stängel, Zweige, Wurzeln, Blüten oder Früchte in verschiedenen Farben. Unterschiedliche Farbtöne einer einzelnen Pflanze können auch über Zugabe einiger Tropfen Seifenlauge, Essigessenz oder in Wasser gelöstem Backpulver entstehen. Das ist z. B. bei Klatschmohn, Holunder und Rotkohl der Fall. Manche Pflanzen färben schon stark, wenn man sie zerdrückt bzw. mörsert, andere kochen wir besser auf (Rezept siehe Fotoseite). Besonders hilfreich beim Herauslösen der Farbstoffe ist dabei Alaun. Dieses Kalium-Aluminium-Sulfat ist in Apotheken in Pulverform erhältlich.

FÜR PFLANZENFARBEN BRAUCHEN WIR

• einen Mörser oder ersatzweise einen kleinen, rundlichen und einen großen, flachen Stein
• etwas Backpulver bzw. Natron
• Essigessenz
• Alaunpulver aus der Apotheke
• einen Topf und einen alten Löffel
• ein altes Sieb
• Marmeladengläser mit Deckel

Manche Pflanzen wie z. B. die Holunderbeeren färben sehr intensiv. Deshalb tragen Naturkünstler am besten alte Kleidung und Gummihandschuhe. Naturfarben ähneln Aquarellfarben und sind eher durchscheinend. Sie halten sich am besten in einem sauberen, geschlossenen Marmeladenglas, das im Kühlschrank gelagert wird.

Möchten wir mit den Pflanzenfarben zeichnen, empfiehlt sich die Zugabe eines Bindemittels. Dies kann z. B. Hühnerei, eine Zuckermischung oder Öl sein. Auf diese Weise haften die Farbpigmente besser auf dem Untergrund und ihre Deckkraft erhöht sich.

NATURPINSEL

Zur Herstellung brauchen wir nicht viel: ein Stück Sisalband, Draht oder feste Gräser wie Acker-Schachtelhalm sowie ein scharfes Taschenmesser, eine Gartenschere und eine Drahtschere. Neben einigen etwa fingerdicken Ästen können wir noch Tannenzweigspitzen, blühende Gräser, verblühte Blütenstände, Gräser, Federn und Stroh als Pinselborsten verwenden (Foto siehe Seite 69).
Zuhause werden die Äste etwa auf Bleistiftlänge gekürzt. Sind Holunderzweige dabei, kann das weiche Mark in der Mitte des Astes mit einer Ahle oder einem Draht ausgehöhlt werden. In die Öffnung stecken die Kinder die „Pflanzenborsten". Bei den anderen Zweigen fixieren sie die Borsten mit Band, Acker-Schachtelhalm oder Draht. Viel Spaß beim Pinseln!

Noch nicht genug von den Naturfarben? Auf der nächsten Seite gibt es neben dem Färbepflanzenüberblick die Rezepte für Erdfarben, Kohlestifte und Holundertinte.

[1.]

[2.]

BUNTE PFLANZEN
Der Naturmalkasten

Nicht jeder Pflanze können wir ansehen, welcher Farbton aus ihr gewonnen wird. Oder wer hätte vermutet, dass wir aus Apfelzweigen ein wunderschönes Zitronengelb gewinnen?

APFELBAUM [1.]
Malus domestica und *M. sylvestris*
Farbe: Hellgelb.
Färbender Pflanzenteil: Rinde von frischen Zweigen.
Farbgewinnung: Rinde mit Messer abschälen, mit etwas Wasser 20 bis 25 Minuten köcheln lassen, etwas Alaunpulver hinzugeben und durch ein Sieb geben.
Verwendung: Z. B. für Wolle.
Andere gelbfärbende Pflanzen: Frauenmantel (Blätter mit Alaunlösung aufkochen), Löwenzahn (Blütenblätter mit Alaunlösung aufkochen oder frisch zermörsern), Studentenblume (Blüte mit Alaun aufkochen), Birken (Blätter).

WALDMEISTER [2.]
Galium odoratum
Farbe: Orange/Hellrot.
Färbender Pflanzenteil: Wurzel mit 100 ml Wasser und 4 TL Alaun aufkochen.
Standort: In Wäldern.
Andere orange- und hellrotfärbende Pflanze: Wurzel des Färberkrapps (*Rubia tinctoria*). Farbe variiert nach Alter von Rot bis Blau (Wurzel zerkleinern und mit Mörser fein mahlen, 30 bis 40 Minuten mit Alaunpulver und Wasser köcheln lassen, abseihen. Früher eine der meist verwendeten Färberpflanzen).

KLATSCHMOHN [3.]
Papaver rhoeas
Farbe: Je nach Zusatz Rot, Weinrot, Blau.
Färbende Pflanzenteile: Blütenblätter.
Standort: In Wiesen, an sonnigen Weg- und Straßenrändern, im Garten.
Farbgewinnung: Im Mörser werden die roten Blüten mit dem Stößel zerrieben, sodass ein weinroter Saft entsteht. Bei Zugabe einiger Tropfen Seifenlauge wird der Saft blau, Essigsäure erzeugt einen roten Farbton.
Verwendung: Am besten direkt verarbeiten.
Andere rotfärbende Pflanzen: Himbeere und Johannisbeere (reife Beeren), Rhabarber (Wurzel), Sauerampfer (Wurzel), Rose (rote Blütenblätter), Hagebutten (Früchte).

SCHWARZE STOCKROSE [4.]
Alcea rosea
Farbe: Dunkles Lila bis Blauschwarz.
Färbende Pflanzenteile: Blütenblätter.
Farbgewinnung: Einfach zusammen mit etwas Alaunlösung etwa 20 bis 30 Minuten aufkochen.
Verwendung: Eignet sich gut für Aquarellmalerei.
Andere violett-blaufärbende Pflanzen: Holunder (Saft der reifen Beere. Zerstampfen, mit etwas Wasser aufkochen und durch Sieb passieren. Beigabe von Essig ergibt Rot, Soda oder Kaisernatron Blau.),

[3.]

reife Beeren von Brombeere, Blau- bzw. Heidelbeere und Schwarzer Johannisbeere (einfach zerdrücken oder mörsern).

WALNUSS [5.]
Juglans regia
Farbe: Braun.
Färbender Pflanzenteil: Äußere Schale.
Farbgewinnung: Schalen mit Hammer oder Stein zermahlen. Einweichen über Nacht erhöht Farbintensität. Dann etwa 1 Std. mit Alaunlösung aufkochen und abseihen.
Verwendung: Ist eine gute Lasur beim Aquarellieren.
Andere braunfärbende Pflanzen: Schlehe (Rinde), Eibe (Holz, Rinde, Nadeln – Vorsicht giftig!), Birke (Rinde, sandfarben).

BRENNNESSEL [6.]
Urtica dioica
Farbe: Gelbgrün.
Färbender Pflanzenteil: Ganze Pflanze.
Farbgewinnung: Mörsern und durch Sieb pressen.
Standort: Auf stickstoffreichen Böden z. B. an Feld- und Waldrändern.
Andere grünfärbende Pflanzen: Brombeere und Himbeere (Blätter), Schwarze Johannisbeere (unreife Beeren), gelber Sonnenhut (ganze Blüte, olivgrün), Ysop (blühende Teile).

ROTKOHL
Brassica oleracea
Der Tausendsassa unter den färbenden Pflanzen aus dem Gemüsebeet darf im Naturmalkasten nicht fehlen.
Farbe: Je nach Zusatz Blau, Türkis, Grün, Violett oder Rot. Pflanzenteil: Rotkohl-blätter.
Farbgewinnung: Einen kleinen, roten Kohlkopf in feine Streifen schneiden, 5 bis 10 EL Wasser hinzufügen, mit Zauberstab pürieren und durch ein altes Baumwolltuch pressen. Die unterschiedlichen Farbtöne entstehen je nach Zusatz von Natronpulver oder Essigessenz: Für Rotviolett je 2 EL Rotkohlwasser plus Essigessenz, für Grün plus vier Messerspitzen Natron, für Türkis plus zwei Messerspitzen, für Blaugrün plus eine Messerspitze, ungemischt Blau bis Violett.
Naturforscher- und Gartentipp: Mit der Gemüsepflanze lässt sich leicht der Säuregrad des Bodens bestimmen. Er zeigt an, welche Pflanzen wo gedeihen. Dazu einfach Erdproben an verschiedenen Orten entnehmen. Einige frische Kohlblätter mit etwas Wasser fünf bis zehn Minuten auf-kochen, den Sud eine Weile ziehen lassen. Unterdessen die Erdproben in verschiedene verschließbare Gläser füllen und mit Fundort beschriften. Den Sud einfüllen und Gläser verschließen und gut schütteln. Rot zeigt einen sauren pH-Wert von etwa 2 an, Lila einen neutralen um 5, Blau einen leicht alkalischen von 7 und Grün einen stark alkalischen von 10.

[4.]

[5.]

[6.]

ERDFARBEN, ZEICHENKOHLE UND HOLUNDERTINTE: Für die Erdfarben Proben von verschiedenen Orten wie z. B. Wald, Wegesrand, Garten nehmen. Erde durch ein feines Sieb in verschiedene verschließbare Gläser geben. Vor Gebrauch mit etwas Quark oder Hühnerei, Speiseöl und Mehl anrühren. Bei Bedarf mit Wasser verdünnen. Einfache Kohlestifte machen wir aus fingerdicken, geraden Birken- oder Weidenzweigen, die wir in einer gut verschlossenen Blechdose einige Stunden in Lagerfeuerglut legen. Die Dose vorher mit einigen kleinen Löchern in der Seite ver-sehen. Die erkaltete Kohle ist am nächsten Tag einsatzbereit. Aus den starkfärbenden Holunder-beeren lässt sich eine schöne Tinte herstellen. Im Herbst die reifen Beeren mit zwei Steinen zerdrücken. Masse durch ein Sieb in ein verschließbares Glas drücken.

LÄNGSBOHREN SCHÜTZT INSEKTEN VOR SPLITTERN

[a]

[b]

[c]

DAS IST *wirklich* WICHTIG

[a] TOTHOLZ längs anbohren, nicht im Querschnitt.

[b] HOLUNDERZWEIGE und hohle Halme bieten Unterschlupf. Wir bündeln und kürzen sie auf eine Länge.

[c] OHRENKNEIFER fühlen sich in mit Stroh gefüllten Tontöpfen wohl.

[d] IN UNSER GERÜST aus verknoteten Ästen hängen wir neben den Nisthilfen auch Blumen. So können die Vielflieger gleich vor der Haustür den ersten Snack vernaschen.

[d]

INSEKTENHOTEL
Zimmer mit Frühstück

Viele Menschen mögen Krabbler und Vielflieger nicht besonders. Dabei sind sie unersetzlich: Sie bestäuben Pflanzen, sorgen für fruchtbaren Boden und sind Nahrungsgrundlage vieler Tiere.

WOHNUNGSNOT

Der Mensch zerstört Lebensräume und Nistmöglichkeiten vieler Insekten. Wie andere frei lebende Tiere sind sie auf eine unaufgeräumte und vielfältige Naturlandschaft ohne künstliche Dünger und Pflanzenschutzmittel angewiesen. So stehen immer mehr heimische Insekten auf der Roten Liste der gefährdeten Tier- und Pflanzenarten.

WILLKOMMEN

Ohrenkneifer wohnen normalerweise an warmen Stellen z. B. unter Baumrinden und Steinen. Sie vertilgen eine Menge Blattläuse und sind deshalb sehr nützlich für Gärtner. Eine gute Nisthilfe sind mit Stroh gefüllte Tontöpfe, die an einem sonnigen Platz im Baum hängen.

Hummeln nisten je nach Art z. B. in Erdlöchern, Moosen oder hohlen Baumstämmen. Aufgrund ihres „Felles" können sie schon bei niedrigen Temperaturen auf Nahrungssuche gehen und Pflanzen bestäuben. Mögliche Nisthilfen sind ein alter hohler Baumstamm oder ein großer Tontopf der locker dreiviertel mit Moos gefüllt und in der Erde vergraben wird.

Solitärbienen nisten je nach Art z. B. in den Fraßgängen von Käfern in abgestorbenen Baumstämmen, in hohlen Pflanzenstängeln, z. B. der Königskerze, oder in hohlen Zweigen des Holunders. Wie Hummeln sorgen sie schon früh im Jahr für Bestäubung. Als Nisthilfe dient Totholz. Es kann zudem in Längsrichtung in verschiedenen Lochgrößen angebohrt werden.

Florfliegen, die Meister im Blattläuseverschlingen, benötigen vom Herbst bis ins Frühjahr ein schützendes Quartier, weil sie als erwachsene Tiere überwintern. Dazu kann ein Holzkasten dienen, der an der Vorderseite nach unten gerichtete, schützende Lamellen hat und mit Strohhäckseln gefüllt ist.

TIPPS ZUM WOHNUNGSBAU

Wer eine Nisthilfe selbstbauen will, ahmt am besten die Natur nach. Gute Materialien sind Totholz, Stroh, Holunderzweige und Lehm. Alle verwendeten Materialien dürfen nicht chemisch behandelt worden sein. Am besten schräg aufrecht und nicht liegend aufbauen. Um vielen Arten zu helfen, bieten wir Nistplätze aus unterschiedlichen Strukturen und Materialien an. Am besten eignen sich natürlich entstandene. Dazu im eigenen Garten möglichst lang Verblühtes, alte Sträucher und Gehölze erhalten. Auch eine Totholzecke, ein Steinhaufen oder eine Trockenmauer sind sinnvoll.

Nisthilfen stehen idealerweise an einem sonnigen, vor Wind und Regen geschützten Ort und sollten über Jahre dort verbleiben. Auch das Nahrungsangebot in der Umgebung muss stimmen. So kann z. B. eine kleine Wiese um einen abgestorbenen und verwitterten Obstbaumstamm helfen.

WUNDERWERKE MIT SECHS BEINEN: Wir können Insekten anhand verschiedener Merkmale von anderen Lebewesen unterscheiden. Das Wichtigste ist ihr dreigeteilter Körperaufbau. Er besteht aus Kopf (Caput), Brust (Thorax) und Hinterleib (Abdomen). Zudem besitzen sie drei Beinpaare, Facettenaugen – also Augen, die sich aus unzähligen Einzelaugen zusammensetzen, und einen Chitinpanzer. Wie ein äußeres Skelett hält er die kleinen Tiere zusammen und schützt sie. Da er nur ein begrenztes Wachstum erlaubt, häuten sich die meisten Arten. Viele, aber nicht alle Arten besitzen Flügel und können fliegen. Zur Klasse der Insekten zählen so unterschiedliche Tierchen wie z. B. Käfer, Ameisen, Bienen und Schmetterlinge, aber nicht die achtbeinigen Spinnentiere.

[a]

[b]

[c]

DAS IST
wirklich
WICHTIG

[a] **WILDBLUMEN** gedeihen vor allem an sonnigen Standorten auf nährstoffarmen Böden. Gedüngten Boden mit Sand vermengen. Er erleichtert auch die Aussaat.

[b] **DIE MIT SAND** vermengten Samen auf der geharkten Beetfläche verstreuen. Wer mag, kann dazu ein Sieb verwenden.

[c] **DIE SAMEN** brauchen Kontakt zur Erde, deshalb gut andrücken.

[d] **DAMIT DIE SAMEN** wachsen können, während der Keimphase regelmäßig gießen. Die wilde Blütenpracht lockt vor allem die erwachsenen Falter an.

WILDBLUMEN LIEBEN SONNE UND SANDIGEN BODEN.

[d]

WILDBLUMEN SÄEN

Ein Paradies für Schmetterlinge

Ihre zarte Leichtigkeit und Schönheit verzückt uns alle. Hier ein paar einfache Tipps, wie wir diese flatterhaften Geschöpfe nicht nur anlocken, sondern auch vom Verweilen überzeugen können.

Es gibt eine einfache Formel fürs Falterglück: Mehr ist mehr! Je vielfältiger die Zahl heimischer Pflanzenarten, desto mehr Falterarten finden einen Lebensraum. Denn die einzelnen Schmetterlingsarten haben wie wir Menschen durchaus unterschiedliche Vorlieben. Und dies nicht nur in Sachen Nahrung, sondern auch bezüglich Eiablage und Wohnungssuche. So mag der Kleine Fuchs besonders gerne den Nektar der Kugeldistel, während das Schwalbenschwänzchen auf die Wilde Karde fliegt (Übersicht siehe nächste Seite). Eine Einschränkung der Vielfalt gibt es: Im Raupenstadium verschmähen die meisten Arten neu eingeführte Pflanzenarten.

NIMMERSATT UND NEKTARSCHLÜRFER

Auf dem Weg zum schönen Falter durchlaufen Schmetterlinge vier verschiedene Entwicklungsstadien, Metamorphose genannt. In diesen Phasen haben sie jeweils eine vollkommen unterschiedliche Erscheinung. Sie führt vom Ei zur Raupe, von der Raupe zur Puppe und schließlich zum erwachsenen Falter. Die weiblichen Falter legen Hunderte von Eiern auf Blättern jener Pflanzen ab, die ihre Nachkommenschaft als Nahrung bevorzugt. Bei den meisten Arten überleben nur diese Eier den Winter. (Seltener überdauern sie als Falter im geschützten Winterquartier.) Im Frühjahr ist der Weg zur

Nahrungsquelle für die Raupe so nicht weit – vorausgesetzt wir entfernen die abgestorbenen Pflanzenteile nicht vorzeitig. Die kleine Raupe Nimmersatt frisst sich durch Blätter, Blüten und Samen. Der erwachsene Falter schlürft mit seinem langen Rüssel vor allem Blütennektar und sorgt dabei für die Bestäubung vieler Blumenarten.

SCHMETTERLINGSGARTEN ANLEGEN

Die meisten Arten benötigen im näheren Umfeld viele unterschiedliche Lebensräume mit verschiedenen heimischen Wildpflanzen. Wer einen Garten hat und Schmetterlinge und andere wilde Tiere anlocken will, gestaltet ihn daher am besten naturnah. Dazu pflanzen wir vorwiegend heimische Pflanzenarten, verzichten auf Pflanzenschutzmittel, lassen verblühte und verwelkte Pflanzen stehen, bieten eine Totholzecke an sowie eine kleine Wasserstelle und eine Trockenmauer. Das Aussäen einiger Wildblumensamen sorgt für ein noch größeres Nahrungsangebot, vor allem für das der Falter. Solche Wiesenparadiese lieben der Gemeine Scheckenfalter, der Kleine Feuerfalter, der Mauerfuchs, das Große Ochsenauge und der Große Perlmutterfalter. Die nächste Seite zeigt, welche Schmetterlingsarten auf welche Pflanzen fliegen.

TIPP: Die größte Vielfalt erhalten wir, wenn wir die Samen für die Wildblumenwiese selbst suchen. Dazu einfach im Sommer bei Sonnenschein einen Spaziergang an einer Wildblumenwiese machen. Reife Samen finden wir in verblühten Blumen. Wir erkennen sie daran, dass sie braun und trocken sind und einfach von der Pflanze fallen. Mit einer kleinen Papiertüte fangen wir sie auf. Einzelne Blüten können wir auch mit einem Taschenmesser abschneiden und mitnehmen.

[1.]

[2.]

[3.]

TRAUMPAARE
Schmetterlinge und ihre Futterpflanzen

Schmetterlinge lassen sich nicht nur anhand ihrer unterschiedlichen Flügelmuster und Farben unterscheiden, sondern auch nach ihren Pflanzenvorlieben bei Nahrung und Eiablage.

SCHWALBENSCHWANZ [1]
Papilio machaon

Einzigartig nicht nur in Form und Farbzeichnung. Falter bis zu 8 cm groß! Liebt es warm, deshalb gen Norden seltener. Raupe und Falter benötigen andersartige Lebensräume: Raupen brauchen Moore, Magerrasen, Dünen sowie Gärten. Falter benötigen erhöhte Geländestellen wie Hügel oder Aussichtstürme zur Paarung. Fliegt weite Strecken. Falter wird etwa 18 Tage alt. Raupe hat auffällige Farbzeichnung, die an den Falter erinnert. Überwintert als Puppe.
Raupenfutterpflanzen: Doldenblüter wie Wilde Möhre, Gartenmöhre, Dill, Fenchel und Kümmel. Tipp: Kraut einiger Pflanzen im Garten stehen lassen.
Falterfutterpflanzen: Nektarreiche Blütenpflanzen wie Rotklee, im Garten der Schmetterlingsflieder.
Andere Schmetterlinge, die Wilde Möhre mögen: Brauner Waldvogel und Landkärtchen.

ZITRONENFALTER [2]
Gonepteryx rhamni

Dank eines körpereigenen Frostschutzmittels hat er mit einem Jahr die längste Lebenserwartung der heimischen Falter.
Flügelspanne gut 5 cm. Männliche Falter zitronengelb, weibliche dagegen weißgelb, beide mit vier orangeroten Punkten. Weitere Besonderheit: Falter sonnen sich stets mit geschlossenen Flügeln. Überwintern in Winterstarre als Falter z. B. an der Unterseite von Efeublättern. Puppen grün.
Raupenfutterpflanzen: Kreuzdorn, Faulbaum und Rosengewächse.
Falterfutterpflanzen: Salweide, Wilder Majoran und später im Jahr Ackerkratzdistel, Blutweiderich und Sommerflieder.
Andere Schmetterlinge, die auf Salweiden fliegen: Abendpfauenauge, Kleiner Fuchs und Tagpfauenauge.

ADMIRAL [3]
Vanessa atalanta

Sehr guter Langstreckenflieger. Überwintert im südlichen Mittelmerraum. Hauptfarbe der Falter schwarz mit schönem orangerotem Farbring sowie vielen weißen und einigen blauen Punkten. Flügelspannweite knapp 6 cm. Lebenserwartung Falter etwa eineinhalb Monate. Eiablage in Brennnesseln.
Raupenfutterpflanzen: Große Brennnessel, Kleine Brennnessel, Hopfen.
Falterfutterpflanzen: Wasserdost, Sommerflieder, Obstbäume (Fallobst).

Andere Schmetterlinge, die Brennnesseln benötigen: Distelfalter, Tagpfauenauge, Landkärtchen, Kleiner Fuchs, C-Falter (auch Hasel).

KLEINER FUCHS [4]
Aglais urticae
Hauptfarbe der Falter ist Orangerot mit etwas Schwarz und zwei weißen Punkten an den oberen Flügelspitzen. Spannweite gut 5 cm. Eiablage an Brennnesseln. Überwintert als Falter an geschützten Orten wie Höhlen, Tierbauen, Kellern oder Dachböden. Zusammen mit dem Tagpfauenauge häufigste Falterart in Deutschland.
Raupenfutterpflanzen: Brennnessel.
Falterfutterpflanzen: Viele Nektarpflanzen wie z. B. Wasserdost, Kugeldistel und Kratzdistel.
Andere Schmetterlinge, die Kugeldisteln mögen: Distelfalter, Landkärtchen und Tagpfauenauge.

TAGPFAUENAUGE [5]
Inachis io
Falter rötlich mit blauen Scheinaugen, die Fressfeinde abschrecken, indem sie ein größeres Tier vortäuschen. Flügelspanne gut 5 cm. Überwintert als Falter an geschützten Orten wie Höhlen, Tierbauen, Kellern oder Dachböden, teilweise auch als Puppe. Raupe erst grünlich weiß, dann leuchtend schwarz mit weißen Punkten und Art Dornen. Entwickeln sich gemeinschaftlich in Gespinstnestern auf Brennnesseln. Zusammen mit kleinem Fuchs häufigste Falterart in Deutschland.
Raupenfutterpflanzen: Große Brennnessel, seltener Echter Hopfen.
Falterfutterpflanzen: Viele Nektarpflanzen. Wilde Karde, Frühblüher z. B. Weide über rot- bis violettblühende Pflanzen.

Andere Schmetterlinge, die auf die Wilde Karde fliegen: Admiral, Distelfalter, Landkärtchen und Kleiner Fuchs.

HAUHECHEL-BLÄULING [6]
Polyommatus icarus
Verbreitetste Bläulingsart. Weibchen und Männchen unterscheiden sich äußerlich stark. Dieser sogenannte Geschlechtsdimorphismus ist bei Faltern weit verbreitet (s. o.). Männchen auffällig blau gefärbt, Weibchen hingegen eher bräunlich. Flügelspanne bis 3 cm. Raupe grün mit Borsten.
Raupenfutterpflanzen: Gewöhnlicher Hornklee und diverse andere Kleearten, Luzerne, Hauhechel.
Falterfutterpflanzen: Gewöhnlicher Hornklee, wird auch zur Eiablage genutzt.
Andere Schmetterlinge, die auf eine bestimmte Pflanzenart spezialisiert sind: Kamillengraumönch und Färberkamille.

GROSSES OCHSENAUGE
Maniola jurtina
Gehört zu den Edelfaltern. Flügelspannweite bis fast 5 cm. Männchen bräunlich mit leichter orangefarbener Färbung und kleinem Augenfleck, Weibchen ähnlich, nur auffälliger orange und mit größerem Augenfleck. Überwintert als hellgrüne Raupe.
Raupenfutterpflanzen: Viele verschiedene Süßgräser *(Poaceae)*.
Falterfutterpflanzen: Wie die Namensverwandtschaft schon erkennen lässt: das Ochsenauge *(Buphthalmum salicifolium)*.

ÜBRIGENS: Segelfalter, Baumweißling, Admiral und Großer Fuchs fliegen auf besonders alte Obstbäume.

[4.]

[5.]

[6.]

47

[a]

DAS IST
wirklich WICHTIG

[a] DIE WEICHE GLYCERINSEIFE lässt sich leicht reiben.

[b] DIE SEIFENRASPEL mit den Blüten mischen und gut verkneten. Dann direkt in die Ausstecherli pressen.

[c] FÜR EINE ANDERE SEIFENFORM zerkleinern wir die Kräuter mit etwas Öl im Mörser.

[d] DIE KRÄUTER pressen wir durch ein Sieb. Die Mischung in der Mikrowelle erhitzen, danach zügig, aber ruhig in Eiswürfelformen füllen. Abkühlen, rausnehmen, fertig.

[b]

[c]

[d]

DIE SEIFENMASSE VERKNETEN ODER ERHITZEN

FRÜHLINGSSEIFE

aus Wildkräutern und Blüten

Ein Sonntagnachmittag im Frühling. Die Sonne lacht, die Vögel zwitschern und das Grün sprießt. Nichts wie raus! Draußen eine fein duftende Seife selbst zu formen, ist ein großer Spaß.

Heute wollen die Naturkinder ihre Mamas zum Muttertag mit einer selbstgemachten Seife überraschen. Dazu brauchen sie nicht viel. Ihre Papas haben etwas Rohseife besorgt (s.u.), den Rest erledigen sie selbst.

Die Kinder benötigen ...
• ein Stück durchsichtige oder milchige Roh- bzw. Glycerinseife, in gleich große Stücke aufgeteilt
• eine Handvoll frisch gepflückte Wildkräuter
• eine Handvoll Gänseblümchen oder andere Blüten
• eine Küchenreibe
• eine Schüssel
• ein Brettchen
• einen Mörser
• ein Teesieb
• einige Plätzchenformen oder Eiswürfelschalen
• nach Geschmack etwas Duftöl, Zitrone oder Kräutertee

Grüner Beutezug
Es beginnt mit einem Streifzug in die Natur. Die Kinder pflücken wildwachsende Kräuter wie Frauenmantel, Johanniskraut, Gundermann oder Brennnessel. Auch die süßen kleinen Gänseblümchen kommen ins Körbchen.

Auf die Plätze: Reiben!
Die lieben Papas haben schon alles für die Seifenmacher im Freien bereitgestellt. Da kann es gleich losgehen. Die Rohseife fein in eine Schüssel reiben [→a]. Vorsicht beim letzten Rest, die Finger ganz lassen!

Kneten des Seifenteigs
Damit die Seife gelingt, die Masse wie einen Hefeteig ordentlich durchkneten, bis die Reibestückchen gut verkleben [→b].

Seifendesigner
Jeder kann jetzt seine eigene Seife entwerfen. Wir machen drei unterschiedliche. In die erste Schüssel geben wir viele getrocknete Blütenblätter z.B. von Ringelblumen, Rosen oder Lavendel vom letzten Sommer. In die zweite Schüssel geben wir zwei bis drei Tropfen Duftöl oder etwas Zitronensaft. Für die dritte Mischung zerstampfen wir die gesuchten Wildkräuter gründlich mit etwas Öl in einem Mörser [→c].

Ausstecherli oder Eiswürfelform
Den Seifenteig jetzt entweder direkt in einige Plätzchenformen drücken oder in der Mikrowelle etwa vier Minuten bei 600 Watt erwärmen und dann in Eiswürfelformen füllen. Nach Geschmack ganze Blüten oder Blättchen dazufügen.

Trockenzeit
Nun drücken wir die Seifen vorsichtig aus den jeweiligen Formen auf ein Brett. Dort sollten sie einige Tage trocknen. Zum Verschenken auf einigen frisch gepflückten Blättern oder Papieruntersetzern, z.B. für Muffins oder Pralinen, drapieren. Die Überraschung ist perfekt!

WAS ELTERN WISSEN SOLLTEN: Besonders gut lässt sich als Basisseife die sogenannte Glycerinseife verarbeiten, da sie leicht form- und schmelzbar ist und zudem Duftstoffe gut bindet. Es gibt sie in durchsichtiger oder milchiger Form in Bastelläden, Drogerien oder Apotheken, auch unter dem Namen Transparent-, Bastel- oder Rohseife. Eine Alternative bilden handwerklich hergestellte Leimseifen. Sie enthalten ebenfalls Glycerin und Fette, die jedoch oft höherwertiger sind, als bei industriell hergestellten Seifen. Kernseifen sind als Basisseife eher ungeeignet, da sie sehr hart sind.

[1.]

NATURAPOTHEKE
Heilende Wildkräuter

Kräuter gut, alles gut! Sie sind die ältesten Heilmittel der Welt und bei vielen auch die Liebsten. Hier ein Überblick der wichtigsten heimischen Arten.

[2.]

GEMEINER BEINWELL [1.]
Symphytum officinale
Wuchs: Aufrecht, buschig, mit langen behaarten Blättern, violette Blüte von Juni bis September.
Standort: Liebt feuchte Böden mit hohem Nährstoffgehalt, daher häufig an Bächen und Flussufern.
Ökologischer Nutzen: Futterpflanze für Hummeln.
Nicht essbar: Beinwell ist schwach giftig!
Heilende Wirkung: Wirkt entzündungshemmend und fördert die Wundheilung, z. B. als Umschlag oder Salbe. Auch zur Behandlung von Prellungen, Zerrungen, Verstauchungen oder Brüchen.

GROSSE BRENNNESSEL [2.]
Urtica dioica
Die kleinen Brennhaare, die man mit einer Lupe betrachten kann, schützen die Pflanze vor Fressfeinden. Zum Ernten entweder Handschuhe anziehen oder die Blätter vorsichtig von unten nach oben anfassen. Die Brennhaare verlieren ihre Wirkung, wenn sie mit heißem Wasser übergossen werden.
Wuchs: Sehr aufrecht mit tropfenförmigen, am Rand geriffelten Blättern, mit Brennhaaren bedeckt.
Standort: Liebt stickstoffreiche Böden, wächst daher häufig an Waldrändern.
Ökologischer Nutzen: Verschiedene Falterarten nutzen die Brennnessel zur Eiablage.
Essbar: Als Tee mit kochendem Wasser überbrühen und zehn Minuten ziehen lassen. Junge Blätter als Salat oder Suppe.
Heilende Wirkung: Wirkt entwässernd, regt den Stoffwechsel an, fördert die Verdauung. Wird verwendet bei Eisenmangel, Allergien, Hautproblemen, Gicht und Rheuma.

SPITZWEGERICH [3.]
Plantago lanceolata
Wuchs: Anders als sein Verwandter, der Breitwegerich, sehr lange, aufrecht stehende, spitz zulaufende Blätter.
Standort: Liebt trockene Böden, wächst im Rasen, an Äckern und Wegen.
Essbar: Im Salat oder in der Suppe, Blüte ebenfalls essbar.
Heilende Wirkung: Sehr viel wirksamer als der Breitwegerich. Wirkt entzündungshemmend. Als Teeaufguss bei entzündlichen Atemwegserkrankungen; bei kleinen Wunden, Ekzemen, Brennnesselberührung, Insektenstichen als Wundpflaster.

[3.]

GUNDERMANN [4.]
Glechoma hederacea
Wuchs: Schöner Bodendecker mit herzförmigen Blättern und kleinen, blauvioletten Blüten. Bildet lange, niedrige Ausläufer.
Zeigerpflanze: Auf nährstoffreichen, humosen, leicht feuchten und kaum sauren Böden.
Essbar: Enthält viele Bitterstoffe, Verzehr daher nur in kleinen Mengen. Für Tee die Blätter mit kochendem Wasser überbrühen und zehn Minuten ziehen lassen. Junge Blätter in Salat und Suppe. Vorsicht: Für einige Tiere, insbesondere Pferde, giftig!
Heilende Wirkung: Harntreibend, hilft bei Entzündungskrankheiten im Hals-, Nasen- und Ohrenbereich.

ECHTE KAMILLE [5.]
Matricaria recutita/chamomilla
Wird häufig mit anderen Kamillen verwechselt. Die Echte erkennt man am typischen intensiven Kamillenduft, vor allem während der Blüte. Der gelbe Blütenkopf ist stark nach oben gewölbt.
Wuchs: Buschig mit feinen gefiederten Blättern, Blüte Juni bis Juli.
Standort: Eher lehmige und humusreiche Böden. Sonnig, auf Äckern und Wegen.
Heilende Wirkung: Blüten sammeln, als Tee bei Magen-Darm- und Menstruationsbeschwerden, als Bad oder Umschlag bei Hautentzündungen, zum Inhalieren bei Atemwegserkrankungen.

ACKER-SCHACHTELHALM [6.]
Equisetum arvense
Mit etwa 400 Millionen Jahren eines der ältesten Gewächse unserer Vegetationszone. Dabei sieht er aus wie eine Art Minikiefer.

Standort: Zeigt verdichteten und humusarmen Boden an. Wächst an Äckern, Wiesen, Böschungen.
Inhaltsstoffe: Enthält sehr viel Kieselsäure, die die Zellwände stärkt.
Essbar: Für Tee die Halme mindestens 20 Minuten kochen lassen. Eignet sich zur Durchspülung von Harnwegen und Nieren.
Heilende Wirkung: Im Vollbad zur Stärkung der Haut, gut gegen Fußpilz.
Vorsicht: Verwechslungsgefahr mit dem giftigen Sumpf-Schachtelhalm.

ECHTES JOHANNISKRAUT
Hypericum perforatum
Die beliebteste Heilpflanze in Deutschland. Weit verbreitet, wird aufgrund des großen Bedarfs aber auch landwirtschaftlich angebaut. Blüht um den Johannistag am 24. Juni in kleinen, gelben Blüten, daher der Name. Bei Sommersonnenwendfesten wird es gerne als Haarkranz verarbeitet.
Wuchs: Buschiger Wuchs bis etwa Kniehöhe. Lange, aufrechte Stängel, an denen kleine, tropfenförmige Blätter wachsen, die sich oben buschig verzweigen.
Standort: Wächst an Wald- und Wegrändern, aber auch in Wiesen. Mag keine sauren Böden.
Inhaltsstoffe: Zerreibt man die kleinen, gelben Blüten und Knospen, tritt das rotfärbende Hypericin aus. Enthält außerdem Hyperforin, das eine antibiotische und gemütsaufhellende Wirkung hat.
Heilende Wirkung: Vor allem bei Gemütsverstimmungen, Unruhezuständen und bei Schlafstörungen.
Vorsicht: Einnahme von Johanniskraut erhöht die Lichtempfindlichkeit, vor allem bei hellhäutigen Menschen erheblich.

ESSBARE WILDKRÄUTER (siehe auch Wildblumen): Giersch, Waldmeister, Bärlauch, Brennnessel, Sauerampfer, Vogelmiere, Wiesenkerbel.

[4.]

[5.]

[6.]

WILDKRÄUTERSAFARI
mit allen Sinnen

Nun geht es los zur Wildkräuterexpedition in Wald und Wiese. Dort suchen wir Pflanzen für ein Duftratespiel, wagen die Brennnesselmutprobe und spielen Arzt mit einem Indianerpflaster.

In unseren Ausflugsrucksack gehören eine Rolle Gefrierbeutel für die Fundpflanzen, eine Schere oder ein kleines Taschenmesser sowie ein gutes Bestimmungsbuch für Wildkräuter. Hilfreich sind eine Lupe und ein paar Handschuhe. Mit einem wasserfesten Stift können wir auf dem Beutel vermerken, an was für einem Standort wir das Kraut gefunden haben. Wildkräuter wachsen auf Wiesen und Feldern, in lichten Wäldern und Flussauen.

DUFTRATESPIEL BASTELN

Was riecht denn da? Für dieses Spiel suchen wir auf einer ausgedehnten Kräutersafari verschiedene Wildkräuter und Pflanzen. Zuhause binden wir sie jeweils zu einem kleinen Strauß und lassen sie kopfüber trocknen. Besonders intensiv duften Rosenblüten, Himbeerblätter, Fliederblüten, Waldmeister, Bärlauch, Dost/Oregano und Mädesüß. Aus Garten und Kräuterbeet können noch Duftgeranien, Lavendel, Pfefferminze, Zitronenmelisse, Salbei, Thymian, Rosmarin und Currykraut ergänzt werden. Während der Trockenzeit nähen wir kleine, einfache Kissen z. B. aus Nesselstoff. Aufgepasst, auf jeden Fall eine gerade Anzahl an Kräuterkissen herstellen! Später verteilen wir die unterschiedlichen getrockneten Kräuter auf die Kissen. Jede Kräuterart wird dabei auf zwei Kissen verteilt. Die Rückseite des Kissens beschriften wir mit Namen oder Foto des Wildkrautes.

Übrigens: Schon drei unterschiedliche Kräuterpaare reichen für dieses Spiel. Denn es ist ganz schön schwer, die Gerüche zuzuordnen. Die Spielregeln sind einfach: Der Reihe nach versuchen die Mitspieler, die Kräuterpaare zu finden.

BRENNNESSEL-MUTPROBE

Wohl jeder, der durchs Grüne strolcht, hat sich an ihnen schon einmal verbrannt. Aber wie schafft die harmlos aussehende Pflanze dies eigentlich? Schuld sind die kleinen Brennhaare, die der Pflanze auch ihren Namen gaben. Mit einer Lupe können wir sie gut erkennen. Die Nesseln sind ein äußerst wirkungsvoller Schutz gegen Fressfeinde. Bei Berührung verletzen sie die Haut und spritzen ein ameisensäurehaltiges Gift. Auf der Haut entstehen dann die typischen roten Quaddeln. Doch echte Naturforscher wissen, wie sie die Nessel richtig anfassen! Wenn wir vorsichtig an der Unterseite der Pflanze von unten nach oben streichen, bleiben wir unverletzt. Dies liegt daran, dass die Pflanze ihr Gift nur verspritzen kann, wenn wir gegen die Wuchsrichtung der Härchen streichen. Übrigens: Alle, die die Mutprobe nicht bestanden haben, erhalten im nächsten Absatz das Rezept für ein Gegengift.

INDIANERPFLASTER AUS SPITZWEGERICH

Für alle kleinen oder großen Naturforscher, die auf der Pirsch verletzt oder gestochen wurden, naht Hilfe! Spitz- und Breitwegerich wachsen auf vielen Wiesen und an fast jedem Wegesrand. Einfach einige Blätter einrollen, vorsichtig kauen und dann auf die Wunde oder den Stich legen (siehe Foto Seite 53 rechts). Die Blätter lindern auch die Schmerzen der Brennnessel-Abwehr.

BAUCHWEH-TEE

Echte Naturdoktoren wissen das Rezept für einen leckeren Tee, der Bauchschmerzen lindert. Dafür werden einige Kamillenblüten und Brombeerblätter gesucht.
Für den Tee 1 TL der Blüten sowie 1 TL der Blätter mit 250 ml kochendem Wasser übergießen und etwa fünf Minuten ziehen lassen.
Bei Verdauungsstörungen, Appetitlosigkeit und leichten Erkältungen hilft Schafgarbe. Sie kann von Juli bis August geerntet werden: 2 TL des Krautes mit kochendem Wasser übergießen, 15 Minuten ziehen lassen und abseihen.

TIPP: Wer sich auf die Kräutersafari begibt, sollte darauf achten, Kräuter nicht unbedingt dort zu sammeln, wo viele Hunde spazieren gehen!

RÄUCHERN

Kokeln bringt Spaß und ist in diesem Fall
erlaubt. Zum Räuchern benötigt man eine
kleine, alte Schale oder Untertasse, eine
Zange, ein Stückchen Räucherkohle (z. B.
aus der Drogerie), ein Teelicht, etwas Sand,
eine große Feder oder Blatt und frische
oder getrocknete Kräuter nach Wunsch,
wie z. B. Beifuß, Kamille, Melisse, die
Blätter sämtlicher Rosengewächse wie
Wildrose, Himbeere oder Brombeere. Der
Sand wird in die Schale gefüllt und in die
Mitte eine Mulde gedrückt. Am brennenden
Teelicht bringt man die Räucherkohle mit
der Zange zum Glühen und setzt sie in die
Mulde. Dann füllt man die Kräuter ein und
verteilt den Rauch mit der Feder.

SOFORTHELFER

Indianerpflaster (rechts) und Ringelblu-
mencreme (unten) heilen und schmücken
zugleich (Rezept siehe Seite 33).

[a]

[b]

DAS IST *wirklich* WICHTIG

[a] DIE ABGEWOGENEN HAGEBUTTEN mit etwas Wasser in einen großen Topf füllen und aufkochen. Sobald sie weich werden, mit etwas Wasser zu Mus stampfen.

[b] DIE MASSE durch ein feines Sieb in einen Topf passieren.

[c] IN DIE KOCHENDE MASSE Gelierzucker und Apfelsaft geben und das Ganze drei bis vier Minuten weiter sprudelig kochen.

[d] DAS MUS in abgekochte Gläser füllen und sofort fest verschließen und für fünf Minuten auf den Deckel stellen.

[c]

[d]

HAGEBUTTENMUS

Wer kochen will, darf ernten

Was gibt es Schöneres, als im Sommer loszuziehen und von der Hand in den Mund zu leben? Heute sorgen wir vor und bereiten uns ein süßes Mus für kältere Tage. Wir brauchen nicht viel.

ZUTATEN UND AUSRÜSTUNG
- einige ausgekochte Gläser mit fest verschließbaren Schraubdeckeln, Twist-off-Deckel genannt
- eine Küchenwaage
- einen großen Kochtopf samt Kochlöffel
- Brett, Messer, Suppenkelle, Küchensieb, Kartoffelstampfer
- 500 g Gelierzucker 2 : 1 (reicht für 1 kg Hagebutten)
- 1 l Apfelsaft
- nach Geschmack etwas Vanille(zucker) oder Zimt

Wer das Ganze direkt im Freien zubereiten möchte, benötigt noch einen einfachen Gaskocher. Der kann z. B. auf einem Gartentisch aufgebaut werden. Das Wichtigste aber fehlt noch: die Hagebutten. Ausgestattet mit einem kleinen Korb starten wir einen Streifzug durchs Grüne. Die wild wachsende Hundsrose *(Rosa canina)* finden wir an Wald- und Wegrändern oder als Hecken oder Feldrandbepflanzung. Die beste Erntezeit ist übrigens vom Spätsommer bis in den Herbst. Dann sind die Früchte der Rosengewächse reif, aber noch nicht weich oder matschig. Grundsätzlich sind alle Hagebutten-Arten ungiftig.

EINMACHEN IM GRÜNEN
Haben wir genügend Hagebutten beisammen, können wir anfangen. Als Erstes entfernen wir Stiele und Schopf der Hagebutten mit dem Messerchen. Wem das zu mühsam ist, der kann darauf verzichten, wenn er später ein sehr feines Sieb benutzt. Die innen liegenden Samen müssen nicht extra entfernt werden. Nach dem Kochen können sie keinen Juckreiz mehr auslösen und werden ausgesiebt. Dann wird die Ernte gut gewaschen, sehr genau ausgewogen und landet in einem großen Topf. Der ist wichtig, damit die Masse nicht überkochen kann oder heiße Spritzer entweichen. Die Hagebutten werden mit Wasser bedeckt und bei kleiner Flamme und gelegentlichem Umrühren langsam weich gekocht. In der Zwischenzeit wird der Gelierzucker ausgewogen. Für 1 kg Früchte benötigen wir die halbe Menge Gelierzucker 2 : 1, also 500 g. Sind die Hagebutten weich gekocht, können die kleinen Köche zeigen, was in ihnen steckt. Mit voller Kraft stampfen sie die Masse zu einem musigen Brei. Leichter geht's, wenn immer wieder etwas Wasser zugefüllt wird. Mithilfe einer großen Suppenkelle wird die Masse schließlich durch ein feines Sieb oder eine Flotte Lotte passiert. Unter ständigem Rühren kochen wir das Ganze noch einmal auf und füllen den Gelierzucker und den Apfelsaft hinzu. Nach drei bis vier Minuten sprudeligem Kochen füllen wir die Masse in die bereitgestellten, abgekochten Gläser.

TIPP: Wer den Fruchtaufstrich lieber etwas fester mag, verwendet statt des 2 : 1 Gelierzuckers den 1 : 1. Hier kommt auf 1 kg Zucker ein Kilo Früchte. Die Masse wird dadurch süßer, aber auch fester, da der Anteil an Geliermittel hier höher ist. Am besten frisch gekauften Zucker verwenden, da die Bindefähigkeit mit der Zeit abnimmt.

[1.]

[2.]

[3.]

[4.]

HEIMISCHE BEEREN

Schleckermäulchen aufgepasst

Wir schnappen unsere Erntekörbe und gehen auf die Pirsch. Mal schauen, was Wald und Flur hungrigen Mäulern zu bieten haben. Hier ein Überblick essbarer Beeren und Früchte.

KORNELKIRSCHE [1.]
Cornus mas
Rosengewächs. Nicht verwandt mit den Gartenkirschen, sondern ein Hartriegelgewächs.
Wuchs: Strauch, der innerhalb von Jahrzehnten bis zu 8 m hoch werden kann. Blüht bereits im Vorfrühling und stellt damit eine wichtige Nahrungsquelle z. B. für Honigbienen dar.
Standort: Gerne warm und sonnig. An Waldrändern und Lichtungen, als Heckenpflanze, in Gesellschaft von Hainbuche, Hasel, Salweide und Efeu.
Früchte: Dunkelrote Steinfrucht.
Ernte: Ende August bis Anfang Oktober. Am besten sehr reif pflücken.

BROMBEERE [2.]
Rubus fruticosus
Rosengewächs, großer Sortenreichtum.
Wuchs: Stachelige Kletterpflanze. Blüht von Mai bis August weiß oder rosa.
Standort: Liebt kalk- und stickstofffreie Böden. Wächst in lichten Wäldern und in Feldgebüschen.
Früchte: Dunkelviolette bis schwarze Sammelsteinfrüchte. Besonders reich an Vitamin C.
Ernte: Juli bis September/Oktober. Vorsicht: Bilden mit ihren stacheligen Zweigen häufig undurchdringliche Dickichte.

WALD-ERDBEERE [3.]
Fragaria vesca
Rosengewächs. Viele Säugetiere und Insekten des Waldes freuen sich über die süßen Früchtchen.
Wuchs: Niedrig-buschig. Gezahnte, dreiteilige Blätter. Fünfblättrige, weiße Blüten von April bis Juni. Bildet lange, oberirdische Ausläufer.
Standort: Eher sonnig, auf humushaltigen, leicht sauren Böden, in Wäldern z. B. auf Lichtungen, an Wegen und Rändern.
Früchte: Kleiner und süßer als Gartenerdbeeren. Schmeckt intensiv, fast künstlich. Die Samen der Erdbeere sind gut sichtbar, da sie außen auf der Haut liegen. Es handelt sich um eine Sammelnussfrucht.
Ernte: Vom Frühsommer bis in den Herbst. Aroma morgens stärker.

HIMBEERE [4.]
Rubus idaeus
Anspruchsvolles Rosengewächs.
Wuchs: Strauch mit bis zu 3 m langen, stacheligen Ruten. Blüte von Mai bis Juli. Unregelmäßig gezackte Blätter.
Standort: Wächst auf lockerem, nährstoffreichem Boden im lichten Wald.
Früchte: Wachsen an den Ruten vom Vorjahr. Himbeeren sind übrigens, anders als der Name es vermuten lässt, keine Beeren, sondern sogenannte Sammelsteinfrüchte.

Ernte: Im Juli. Die Beeren sind extrem empfindlich. Deshalb am besten in einem kleinen Korb sammeln.

HEIDELBEERE [5.]
Vaccinium myrtillus
Auch als Blaubeere bekannt. Moorbeet-pflanze mit sehr speziellen Ansprüchen. Für Garten spezielle Kulturformen.
Wuchs: Niedrig-buschig.
Standort: Locker, sandig, eher nährstoff-arm. Gedeiht und trägt nur in saurer Erde mit pH-Wert zwischen 4,5 bis maximal 5,5. Sonnige, windgeschützte Lage. Hitze wird jedoch schlecht vertragen.
Früchte: Kleine, blaue Beeren, die an vor-jährigen Trieben wachsen.
Ernte: Juni bis September. Da die Beeren in Bodennähe wachsen, sind sie leicht verunreinigt. Vor dem Verzehr daher gut waschen oder am besten abkochen.

SCHLEHE [6.]
Prunus canina
Wird auch Schwarzdorn genannt. Wichtige Nahrungsquelle vieler, auch seltener Insektenarten.
Wuchs: I. d. R. bis 3 m hoher, dorniger Busch mit überhängenden Ästen. Weiße Blüte von März bis April. Blätter erscheinen erst nach der Blüte.
Standort: Liebt nährstoffreiche, kalkhaltige Lehmböden, wächst an Wiesen und Feldern sowie Waldrändern.
Früchte: Kleine, mattblaue Steinfrüchte, reifen von Oktober bis November und verbleiben den Winter über am Baum. Hoher Vitamin-C-Gehalt.

Ernte: Nach dem ersten Frost sind die Früchte süßer.

SANDDORN [7]
Hippophae rhamnoides
Ölweidengewächs. Männliche und weibliche Pflanzen.
Wuchs: Dorniger, sommergrüner Strauch bis 5 m Höhe mit ausladendem Wuchs. Silbergraue Blätter. Blüte von April bis Mai.
Standort: Bevorzugt sandig-steinige, ma-gere Böden. In Kiefernwäldern, an kiesigen Ufern und gebirgigen, schotterigen oder kargen Landstrichen.
Früchte: Orangerote Beeren, die aus bota-nischer Sicht zu den Scheinsteinfrüchten zählen. Sehr hoher Vitamin-C-Gehalt. Da-neben noch Vitamin B_{12} und Beta-Carotin.
Ernte: August bis Dezember.

EINGRIFFELIGER WEISSDORN [8.]
Crataegus monogyna
Auch Hagedorn genannt. Sehr viele unterschiedliche Arten. Gehört zu den Kernobstgewächsen.
Wuchs: Strauch oder kleiner Baum, meist nicht über 6 m hoch. Den kräftigen Dornen und den weißen Blüten im Frühjahr ver-dankt er seinen Namen.
Standort: Mag es sonnig bis halbschattig und liebt lehmige und kalkhaltige Böden. Wächst in lichten Wäldern, an Waldrändern sowie in Knicks und Hecken.
Früchte: Dunkelrote, längliche Steinfrüchte mit süß-säuerlichem Geschmack und mehliger Konsistenz. Beliebt auch bei Vögeln und Insekten.
Ernte: Im Spätsommer.

INFO: Alle Waldfrüchte, die unterhalb eines Meters wachsen, sollten vor dem Verzehr gewaschen werden. Andernfalls besteht eine, zum Glück sehr geringe Gefahr, sich mit dem Fuchsbandwurm zu infizieren. Die Eier des Parasiten befinden sich im Fuchskot. Kleine Nagetiere nehmen sie über die Pflanzennahrung auf und werden zu Zwischenwirten. Werden sie gefressen, z. B. auch von Katzen und Hunden, kann der Wurm sich einnisten. Daher nach dem Streicheln stets Hände waschen.

[5.]

[6.]

[7.]

[8.]

UNTER BÄUMEN

Ab in den Wald

NICHT UMSONST LIEBEN WIR BÄUME. SIE EIGNEN
SICH NICHT NUR ZUM KLETTERN, SONDERN SIE
SPENDEN GUTE ATEMLUFT, IM SOMMER SCHATTEN
UND MANCHMAL AUCH TROST UND ZUVERSICHT.
IN DIESEM KAPITEL GIBT ES VIELE ANREGUNGEN,
WIE WIR UNSERE STARKEN FREUNDE NOCH BESSER
KENNEN LERNEN KÖNNEN.

[a]

[b]

[c]

DAS IST *wirklich* WICHTIG

[a] IM HERBST suchen Baumdetektive acht verschiedene Baum-arten, zeichnen oder fotografieren sie, sammeln ihr Laub und ihre Früchte.

[b] DIE FOTOS ODER ZEICHNUNGEN von Blättern, Früchten, Rinde und Wuchsform des Baumes auf Kartonkarten kleben.

[c] DIE KARTEN mit Infos zu den Arten beschriften. Nun können wir endlich spielen.

BAUMQUARTETT
Grünen Riesen auf der Spur

Wie sieht die Rinde der Buche aus und wie die Blätter der Linde? Wer dies einfach nebenbei lernen möchte, bastelt sich ein Baumquartett.

Jeder Baum sieht anders aus. Dies erfahren wir besonders nachdrücklich, wenn wir verschiedene Bäume genau betrachten und untersuchen. Einzelne Baumarten können wir anhand von Form und Farbe ihrer Rinde, ihrer Blätter, ihrer Früchte sowie ihrer Wuchsform unterscheiden. Birken haben beispielsweise eine besondere weiße Rinde, Linden schöne, herzförmige Blätter, Kastanien tolle Früchte und Tannen eine kegelförmige Wuchsform.

Wir basteln ein Quartett mit acht verschiedenen Baumarten. Das ergibt insgesamt 32 Spielkarten.

Wir brauchen
• 32 gleich große Kartonkarten
• Kleber, Schere, Buntstifte, weichen Bleistift, Notizblock
• Zeichenpapier in der Größe der Kartonkarten
• Klemmbrett zum Zeichnen
• evtl. Fotoapparat
• ein Baumbestimmungsbuch

Tipp: Die Kartonkarten können wir im Schreibwarengeschäft oder in Druckereien zuschneiden lassen. Zeichenpapier sollte vor dem Ausflug in der gleichen Größe zugeschnitten sein.

BASTELANLEITUNG
Alles beginnt mit einem Ausflug ins Grüne. Am besten findet er im Sommerhalbjahr statt, wenn die Bäume belaubt sind. Ziel ist es, acht verschiedene Baumarten zu finden. Sie werden genau untersucht. Dazu zeichnen wir eine möglichst detailreiche Abbildung: Wie ist die Gesamtform des Baumes, wie verzweigt er sich? Wie dick ist sein Stamm, ist die Rinde gefurcht oder glatt? Welche Form und Farbe haben die Blätter? Im Frühling schauen wir nach den Blüten, im Herbst nach den

Früchten. Wenn möglich, sammeln wir einige Fundstücke vom Baum wie Blätter, Blüten, Früchte oder etwas Rinde. Ansonsten zeichnen wir die o.g. Merkmale oder machen Fotos. Wir notieren, wann und wo wir welchen Baum untersucht haben. Zuhause pressen wir Blätter, Blüten und falls möglich Früchte (Anleitung siehe Seite 27). Baumfotos werden ausgedruckt und wie die Zeichnungen auf die Kartonkarten geklebt [→b]. Dann vermerken wir Details zu den Bäumen aus dem Bestimmungsbuch auf den Karten. Wie alt wird die Art? Wie hoch wird sie? Welchen Stammumfang erlangt sie? Wie viel Sauerstoff stellt sie her? Zudem wird jede Karte oben mit dem Baumnamen und Koordinaten versehen. Die Karten der Rotbuche erhalten z. B. die A1-Wuchsform, A2-Rinde, A3-Blatt, A4-Blüte/Frucht.

Tipp: Statt die Baumrinde zu fotografieren, kann diese auch abgepaust werden. Frottage wird diese Künstlertechnik genannt. Dazu braucht man nur einen Bleistift mit einer möglichst weichen Mine und ein Stück Papier. Das Papier wird auf die Rinde gelegt und mit dem Bleistift darübergerubbelt – fertig.

ZIEL DES SPIELS
Die gemischten Karten werden verteilt. Der jüngste Mitspieler fragt einen beliebigen Mitspieler nach einer Karte, die ihm zur Bildung eines Quartetts fehlt. Zum Beispiel: „Vico, hast du das Buchenblatt (oder A3)?" Hat der Befragte die Karte, übergibt er sie. Der Spieler ist so lang am Zug, bis er eine gewünschte Karte nicht erhält. Dann ist der Befragte an der Reihe. Sobald ein Spieler ein vollständiges Quartett z. B. aus vier Buchenkarten hat, legt er es offen aus. Gewinner ist der Spieler mit den meisten Baum-Quartetten.

[1.]

[2.]

[3.]

[4.]

BÄUME BESTIMMEN
Wichtige Laub- und Nadelbäume

Bäume können wir anhand ihrer Wuchsform, ihrer Rinde, ihrer Blätter und ihrer Früchte voneinander unterscheiden. Manchmal müssen wir genau hinschauen.

ROT-BUCHE [1.]
Fagus sylvatica

Die Rot-Buche ist ein echtes Buchengewächs, die Hainbuche gehört zu den Birkengewächsen.

Wuchs: Sommergrüner, schlanker, 25 bis 30 m hoher Baum.
Blätter: Eiförmig und gezähnt, ca. 5 bis 10 cm lang und 3 bis 7 cm breit, Blattstiel etwa 1,5 cm lang. Blattanordnung wechselständig.
Borke: Silbriggrau und eher glatt.
Früchte: Bucheckern. Sie sind leicht giftig, da sie Blausäureglykoside enthalten, und sollten nur in Maßen genossen werden.
Alter: Durchschnittlich 200 bis 300 Jahre.

STIEL-EICHE [2.]
Quercus robur

Neben der Stiel- ist die Trauben-Eiche die häufigste Eichenart. Sie bildet einen wichtigen Lebensraum für viele Tiere.
Wuchs: Sommergrüner bis 40 m hoher Baum.
Blätter: Eiförmig und gebuchtet, ca. 7 bis 12 cm lang und bis 8 cm breit. Kurzer Stiel nur 2 bis 7 mm lang. Blattanordnung wechselständig.

Borke: Dunkelgrau bis braungrau und tief gefurcht.
Früchte: Eicheln.
Alter: Durchschnittlich 500 bis 800 Jahre.

SPITZ-AHORN [3.]
Acer platanoides

Wird häufig mit der Platane verwechselt, bei Letzterer schält sich jedoch die Rinde und erscheint fleckig.
Wuchs: Bis 30 m hoher Baum mit einer sommergrünen, runden Krone.
Blätter: Meist fünflappig, rund ausgebuchtet, die Spitzen lang ausgezogen. 10 bis 18 cm breit, Blattanordnung gegenständig.
Borke: Schwarzbraun und längsrissig.
Früchte: Paarweise geflügelte Nüsschen.
Alter: Durchschnittlich 150 Jahre.

SOMMER-LINDE [4.]
Tilia platyphyllos

Es gibt Sommer- und Winter-Linden. Der Nektar der Sommer-Linden verströmt im Hochsommer einen wunderbar süßen Duft. U. a. deswegen hat sie einen hohen kulturellen Stellenwert.
Wuchs: Sommergrüner bis 40 m hoher Baum.

Blätter: Herzförmig und gesägt. Blätter ca. 10 bis 15 cm lang und fast ebenso breit, 3 bis 5 cm langer Blattstiel. Blattanordnung wechselständig.
Borke: Grau und tief längsgefurcht.
Früchte: Kleine, fünfkantige Nüsschen, die meist zu dritt an einem kleinen Flügelblatt sitzen.
Alter: Bis zu 1000 Jahre!

EBERESCHE [5.]
Sorbus aucuparia
Große Bedeutung für heimische Tierwelt. Wird besonders von Vögeln geschätzt.
Wuchs: Sommergrüner Strauch oder Baum bis 15 m Höhe.
Blätter: Unpaarig gefiedert bis 20 cm lang, wechselständig.
Borke: Glänzend grau und glatt, später schwärzlich und längsrissig.
Früchte: Korallenrote Scheinbeeren in Doldenrispen ab August.
Alter: Durchschnittlich 80 bis 100 Jahre.

GEMEINE FICHTE [6.]
Picea abies
Häufigster Waldbaum bei uns, da die Fichte großflächig angepflanzt wird.
Wuchs: Immergrüner bis etwa 60 m, selten auch 80 m hoher Baum.
Blätter: Spitze Nadeln.
Borke: Rötlich, in Schuppen abblätternd.
Früchte: Braune Zapfen, die im Gegensatz zur Tanne am Baum hängen. Fallen nach etwa einem Jahr Reifezeit vom Baum.
Alter: Durchschnittlich 200 bis 300 Jahre.

WALD-KIEFER [7.]
Pinus nigra
Besonders schnellwüchsiger Baum, dessen Holz sehr harzhaltig ist.
Wuchs: Immergrüne, kegelförmige Krone, bis 50 m hoch. Wuchsform sehr unterschiedlich, je nach Standorteinflüssen.
Blätter: Im Unterschied zu Fichte und Tanne lange Nadeln, die eher büschelweise wachsen.
Borke: Schwarzbraun bis graugelb (Alter) mit etwa handgroßen Schuppen.
Früchte: Kegelförmige Zapfen, deren Schuppen sich bei Trockenheit und Wärme stark öffnen und bei Nässe und Kälte zusammenziehen.
Alter: Durchschnittlich 500 bis 600 Jahre.

EUROPÄISCHE LÄRCHE [8.]
Larix decidua
Einzige Nadelbaumart, die ihre Nadeln nach einer schönen, gelben Färbung im Herbst abwirft.
Wuchs: Schlanke Form, bis 40 m Höhe.
Blätter: Wie bei der Wald-Kiefer sitzen die Nadeln büschelweise am Zweig.
Borke: Graubraun und stark schuppig.
Früchte: Kleine, aufrecht stehende Zapfen.
Alter: Bis zu 600 Jahre.

Andere Laubbäume: Birke, Erle, Esche, Hainbuche, Hasel, Obstbäume, Pappel, Robinie, Stechpalme, Schlehe/Schwarzdorn, Weide, Weißdorn, Ulme.

Andere Nadelbäume: Gemeine Eibe, Wacholder, Weißtanne.

[5.]

[6.]

[7.]

[8.]

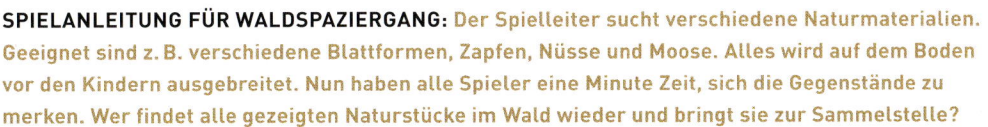

SPIELANLEITUNG FÜR WALDSPAZIERGANG: Der Spielleiter sucht verschiedene Naturmaterialien. Geeignet sind z. B. verschiedene Blattformen, Zapfen, Nüsse und Moose. Alles wird auf dem Boden vor den Kindern ausgebreitet. Nun haben alle Spieler eine Minute Zeit, sich die Gegenstände zu merken. Wer findet alle gezeigten Naturstücke im Wald wieder und bringt sie zur Sammelstelle?

WUNDERWERK BAUM
Unersetzliche Lebensspender

Vieles, was Bäume zum Leben benötigen, erzeugen sie einfach selbst – nur mithilfe von Sonnenlicht, Kohlendioxid und Wasser. Dabei entsteht nicht nur Sauerstoff für Mensch und Tier, sondern sie gewinnen auch wichtige Energie.

Biologisch gesehen, sind Bäume holzige Pflanzen. Aus ihrer Wurzel wächst ein Hauptstamm, der sich zu einer Krone verzweigt. Je nachdem, ob der Baum sein Laub im Winter abwirft oder nicht, werden sogenannte sommergrüne und immergrüne Bäume unterschieden. Laubbäume wie Ahorn, Birke und Eiche werfen ihre Blätter im Herbst ab. Aber warum verlieren manche Bäume ihre Blätter und andere nicht?

GRÜN, GELB ODER ROT?

Um sich vor Kälte und Wasserarmut zu schützen, fallen unsere Bäume in eine Art Winterruhe. Das heißt, alle Abläufe im Inneren, wie das Wachstum und Verdunstung, werden zurückgefahren. Wenn die Tage kürzer werden und weniger Licht da ist, stellen die Bäume zudem die Herstellung des Blattgrüns, Chlorophyll genannt, ein. Langsam wird es dann in den Blättern abgebaut. Dadurch werden die gelben und roten Farbstoffe sichtbar und verfärben das Laub für kurze Zeit prächtig. Aber nicht alle Bäume werfen ihre Blätter auf diese Weise ab. In Gegenden unserer Erde, in denen es das ganze Jahr warm ist, erneuern die Bäume ihr Laub stetig. Und in besonders heißen Wüstengegenden ist es sogar umgekehrt: Hier werfen die Bäume in der heißen Jahreszeit ihr Laub ab und tragen es in den kühleren Monaten. Doch auch bei uns gibt es Bäume, die das ganze Jahr Grün tragen. Nadelhölzer wie Fichte, Kiefer und Tanne wechseln ihre Nadeln stetig. Eine Ausnahme ist die Lärche, die wie Laubbäume im Herbst alle Nadeln verliert und im Sommer neu bildet.

NATÜRLICH URALT

Viele Baumarten können mehrere hundert Jahre alt werden. Zu ihnen zählen z. B. Linden, Eiben und Eichen. Der älteste Baum in Deutschland ist wahrscheinlich eine Linde mit etwa 1000 Jahren. Im Vergleich zum ältesten bekannten Baum der Welt ist sie damit aber immer noch jugendlich: Eine Fichte in Schweden ist fast 10.000 Jahre alt! Wer wissen möchte, ob es einen uralten Methusalembaum in seiner Nähe gibt, kann auf der Karte vom Deutschen Baumarchiv nachsehen (www.deutschesbaumarchiv.de).

DIE ATEMLUFTFABRIK

Bäume sind wahre Kraftwerke. Wie andere Grünpflanzen betreiben sie Fotosynthese. Dies ist ein chemischer Prozess bei dem Pflanzen mithilfe des Blattgrüns (Chlorophyll) aus Wasser und Kohlendioxid Traubenzucker (Glucose) und Sauerstoff herstellen. Die Glucose braucht der Baum für die Eigenversorgung. Den Sauerstoff gibt er jedoch über seine Spaltöffnungen an der Blattunterseite ab. Aufgrund ihrer Größe spielen Bäume eine besonders gewichtige Rolle bei der Gewinnung von Sauerstoff.

So produziert eine Buche im Jahr etwa 4.600 kg Sauerstoff. Diese Menge reicht, um 13 Erwachsene zu versorgen. Gleichzeitig entnimmt sie der Luft über drei Tonnen Kohlendioxid (CO_2). Wie viel ein einzelner Baum genau filtert und abgibt, hängt von der Baumart, seiner Holzdichte und seinem Alter ab. Allgemein gilt, dass Nadelbäume mehr Sauerstoff als Laubbäume herstellen und junge Bäume mehr als alte.

FREUNDE PFLANZEN

Doch das ist längst noch nicht alles, was Bäume für uns tun. Neben dem CO_2 nehmen sie auch andere Gase sowie Staub- und Dreckteilchen auf. Dies ist gerade in Städten besonders wichtig. Daneben befestigt ihr Wurzelwerk die fruchtbare obere Erdschicht, sie speichern Wasser, spenden Schatten und sorgen für ein angenehmes Mikroklima. Zudem sind sie ein unersetzlicher Lebensraum für eine riesige Zahl an Tieren, vom winzigen Insekt bis zum großen Säugetier (Überblick siehe Seite 66 f.). Leider wissen wir Menschen die lebenswichtige Bedeutung der Bäume nur bedingt zu würdigen. Jedes Jahr wird etwa eine Waldfläche von der Größe Deutschlands vernichtet. Wer sich für die Bäume einsetzen möchte, kann sich an plant-for-the-planet.de wenden. Diese Organisation hat ein deutscher Schüler gegründet, sie pflanzt weltweit Bäume, um den Klimawandel aufzuhalten.

[1.]

[2.]

[3.]

BAUMBEWOHNER

in luftiger Höhe

Bäume sind von der Krone bis zur Wurzel Lebensraum vieler Tiere. Zu ihnen zählen Raupen, Käfer, Vögel und einige größere Säugetiere. Selbst abgestorbene Bäume sind noch unersetzlich.

HASELMAUS [1.]

Muscardinus avellanarius

Obwohl der Name etwas anderes vermuten lässt, gehören die kleinen Nagetiere keinesfalls zur Familie der Mäuse, sondern wie Sieben- und Gartenschläfer zur Familie der Bilche. Mit langem Schwanz, der fast die Hälfte der Körperlänge ausmacht, etwa Handgroß (bis 15 cm). Fell ist rötlich gelb gefärbt, am Bauch weißlich. Gewandter, aber scheuer Kletterer, der sich gerne im niedrigen, sehr dichten Gebüsch und Unterholz aufhält und sich dabei affenähnlich von Zweig zu Zweig hangelt. Die Vorliebe des Allesfressers für Haselnüsse brachte ihm seinen Namen ein. Häufig findet man Nussschalen mit der typischen kreisrunden Öffnung und Nagespuren an der Außenseite (siehe Seite 101). Baut wie das Eichhörnchen kugelige Nester. Diese etwa faustgroßen Kobel befinden sich etwa 0,5 bis 1 m über dem Boden und werden vorwiegend aus Gräsern und Laub gebaut. Gerne werden auch Nistkästen bezogen. Die Weibchen bringen zweimal im Jahr zwei bis fünf Junge zur Welt. Die nachtaktiven, scheuen Tiere halten von Oktober bis April Winterschlaf in frostfreien Erdhöhlen o. Ä.

BAUMMARDER [2.]

Martes martes

Auch Edelmarder genannt. Säugetier, zählt zur Ordnung der Raubtiere. Wie beim Eichhörnchen ist der Körperbau auf den Lebensraum Baum zugeschnitten. Baummarder haben einen langen, kräftigen Körper, mit kurzen, stämmigen Beinen und einen buschigen Schwanz. Sie sind gute Kletterer und Springer. Leben im Wald in Baumhöhlen oder verlassenen Kobeln sowie Vogelnestern. Im Gegensatz zum verwandten Steinmarder ist der Baummarder äußerst menschenscheu. Die Allesfresser ernähren sich vor allem von kleineren Säugetieren wie Eichhörnchen und Wühlmäusen sowie von Vögeln. Etwa im April bringen die Weibchen einen Wurf mit meist drei Jungen zur Welt. Sie werden etwa zehn Jahre alt.

BUNTSPECHT [3.]

Picoides major

Etwa drosselgroßer, tagaktiver Vogel, der sowohl in Wäldern als auch in Gärten und Parks lebt. Auffälliges schwarz-weißes Gefieder mit roten Flecken an Nacken und Schwanzunterseite. Ernährt sich im Sommer hauptsächlich von Insekten, die er mit seinem Schnabel unter der Rinde hervorpickt. Im Winter legt er sogenannte Spechtschmieden an, indem er z. B. Zapfen und Nüsse in Baumspalten einklemmt, um die Samen herauspicken zu können. Typisch während der Balz ist das Trommeln, mit dem die Spechtmännchen den Weibchen die Fertigstellung der Nistplätze ankündigen. Dabei hämmern sie mit ihren Schnäbeln schnell auf verschiedene Hohlkörper wie hohle Baumstämme und Äste, aber auch Regenrinnen. Im Frühjahr legen die Weibchen etwa vier bis sieben weiße Eier in die Bruthöhlen, die die Männchen mit ihrem Schnabel in morsche Bäume gehämmert haben. Sie werden etwa acht Jahre alt.

WALDBAUMLÄUFER [4.]
Certhia familiaris
Eine unserer kleinsten Vogelarten. Sein Gefieder ist oberwärts rindenfarbig, bäuchlings weiß. Mit seinem langen, gebogenen Schnabel stochert er in und hinter der Rinde nach Insekten und Spinnen. Dazu läuft er meist spiralförmig am Stamm empor und stützt sich dabei mit seinen Schwanzfedern ab. Brütet von März bis Juli fünf bis acht Eier in Baumspalten hinter der Rinde aus. Waldbaumläufer werden etwa sieben Jahre alt. Übrigens: Den Kleiber, der auch auf Nahrungssuche am Stamm hochläuft, erkennen wir daran, dass er der Einzige ist, der kopfüber wieder hinunterläuft.

WALDAMEISE [5.]
Alle bekannten Ameisenarten sind wie Bienen staatenbildende Insekten. Neben einer eierlegenden Königin besteht das Volk aus Millionen von Arbeiterinnen mit einer strengen Aufgabenteilung und einigen Männchen, welche die Königin begatten. In Deutschland gibt es derzeit ca. 114 Ameisenarten. Viele leben in enger Symbiose mit Bäumen und spielen eine bedeutende Rolle im Ökosystem Wald. Die **Rote Waldameise** *(Formica rufa)* verwendet, wie viele andere Waldameisenarten, zum Neubau ihres Hügelnestes einen morschen Baumstumpf, auf dem sie in den folgenden Wochen eine gewaltige Streukuppel aus Baumnadeln, kleinen Ästen und Moos errichtet. Da sie

auch in die Tiefe baut, trägt sie zur Belüftung des Waldbodens bei und ermöglicht so ein gutes Wurzelwachstum. Die Allesfresser ernähren sich von anderen Insekten, Baumsäften und -samen sowie dem Honigtau. Dies ist die süße Ausscheidung von Baumläusen. Auch Insektenarten, deren übermäßiges Auftreten den Wald schädigt, wie der Borkenkäfer, stehen auf dem Speiseplan. Gleichzeitig sind sie selbst eine wichtige Nahrungsquelle anderer Waldtiere. Arbeiterinnen und Königinnen überwintern im frostfreien Erdreich. Die Rote Waldameise und andere Arten ihrer Gattung sind in ihrem Bestand gefährdet und stehen auf der Roten Liste der gefährdeten Arten.

HIRSCHKÄFER [6.]
Lucanus cervus
Eine der auffälligsten, größten, skurrilsten, aber leider auch gefährdetsten Käferarten in Deutschland. Die Praxis der letzten Jahrzehnte, Totholz aus den Wäldern zu räumen, hat zu seinem deutlichen Rückgang geführt. Seinen Namen hat der Hirschkäfer den geweihähnlichen Beißwerkzeugen (Mandibeln) zu verdanken. Diese sind nur beim Männchen besonders groß und nehmen fast die Hälfte der Körperlänge von bis 75 mm ein. Während der Paarungszeit benutzen die Männchen sie im Kampf gegen Konkurrenten. Als eigentliche Mundwerkzeuge sind sie jedoch aufgrund ihrer Größe ungeeignet. Deshalb sind sie bei der Nahrungssuche auf die Hilfe der Weibchen angewiesen. Diese legen ihre Eier in bis zu 50 cm Tiefe, an die Wurzeln von kranken oder toten Laubbäumen, bevorzugt von Eichen. Die Larven ernähren sich später vom Totholz. Sie benötigen bis zu acht Jahre, um sich zum ausgewachsenen Käfer zu entwickeln. Die leben hingegen nur etwa einen Monat lang.

Andere: Schwarze Rossameise *(Camponotus herculeanus)*, Eichhörnchen (siehe Seite 16), Siebenschläfer (siehe Seite 139).

[4.]

[5.]

[6.]

[1.]

[2.]

[3.]

BLATTWUNDER
Bunte Vielfalt

Mit Baumblättern lässt sich eine Menge anstellen. Wir untersuchen und zeichnen sie, nähen, stecken, kleben, drucken, prickeln und spielen mit ihnen. Wer hat noch mehr Ideen?

BLÄTTER UNTERSUCHEN [1.]

Jetzt untersuchen wir sie einmal genau. Dazu einfach verschiedene Blätter suchen und genau betrachten. Wo verlaufen die Blattadern? Kann man die Spaltöffnungen, durch welche die Pflanze Sauerstoff, Wasser und Kohlendioxid austauscht, erkennen? Welchen Farbton hat das Blatt? Nachdem wir das Blatt gründlich untersucht haben, nehmen wir es auseinander. Dazu halten wir die Fläche zwischen den Blattrippen zwischen Daumen und Zeigefinger und ziehen vorsichtig, während wir das Blatt mit der anderen Hand festhalten. Besonders gut geht dies übrigens mit Buchenblättern.

BLÄTTER ZEICHNEN [2.]

Wer einmal versucht hat, ein Blatt genau nachzuzeichnen, prägt sich seine Besonderheiten ein. Als Erstes versuchen wir, verschiedene Blattarten freihand zu zeichnen. Danach pausen wir das Blatt ab. Dazu nehmen wir durchscheinendes Pergamentpapier und malen den Umriss mit einem Bleistift mit besonders weicher Mine nach. Tipp: Das Blatt verrutscht nicht, wenn wir es mit etwas Malerkrepp auf dem Tisch

festkleben. Dann rubbeln wir mit dem Bleistift über das Papier. So werden die Blattadern und andere Konturen sichtbar. Wir schneiden unsere Blätter aus und malen sie mit Tusche farbig an. Dabei versuchen wir, den Farbton des Blattes bestmöglich zu treffen. Grün ist nicht gleich Grün. Es ist ein Mischton aus Gelb und Blau. Je nachdem, wie viel man von der einen oder anderen Farbe beimischt, verändert sich der Grünton. Mit Weiß und Schwarz kann man den Farbton weiter verändern. Besonders schön leuchten die fertigen Blätter, wenn wir sie ins Fenster hängen.

BLATTSCHMUCK STECKEN [3.]

Wir sind die Könige des Waldes! Unseren Schmuck wie Armbänder und Kronen basteln wir uns einfach selbst. Das geht ganz einfach. Wir sammeln einige Blätter mit möglichst langen und kräftigen Blattstielen. Ahornblätter eignen sich beispielsweise besonders gut. Entweder klappen wir die Blätter nun in der Mitte ein und stecken sie mit dem Blattstiel zusammen. Dafür mit dem Fingernagel oder dem Taschenmesser einen kleinen Schlitz in das Blatt ritzen. Oder wir knappen die Blattstiele vorsichtig ab und stecken die Blätter mit der Spitze nach oben zusammen. Besonders schön sieht es aus, wenn wir verschiedene

Blattarten kombinieren. Tipp: Statt der Blattstiele Zahnstocher oder kleine Stöckchen zum Zusammenstecken verwenden. Damit sie nicht piksen, setzen wir auf die Spitze je nach Jahreszeit und Geschmack einige Blüten, Hagebutten oder Nüsse. Auf die gleiche Weise können wir übrigens auch eine Blattmaske machen.

BLÄTTERKOSTÜM NÄHEN

Eine Krone haben wir schon, nun wollen wir gleich ein ganzes Blattkostüm nähen. Dazu brauchen wir viele besonders große Blätter. Geeignet sind z. B. große Blätter von Kastanien und Bergahorn oder Ampfer- und Rhabarberblätter. Mit dem Taschenmesser ritzt man die Stiele dort, wo sie in das Blatt laufen, vorsichtig an. Dann führt man etwas Sisalschnur hindurch. Tipp: Besonders leicht geht dies, wenn man die Schnur an einem kleinen, aber stabilen geraden Stöckchen festknotet. Auf diese Weise vernäht man mehrere Blätter. Zum Anziehen knotet man die Schnur am Körper zusammen. Ein Kostüm kann aus drei Lagen bestehen: einem Rock, einem Oberteil und einem Umhang.

BLATTMASKE KLEBEN [4.]

Wieder verkleiden wir uns! Und auch ohne Träger sieht die Maske einfach kunstvoll aus. Für den Naturzauber brauchen wir nicht viel. Als Erstes suchen wir einige besonders schöne Blätter, im Herbst werden wir am schnellsten fündig. In Gesichtsgröße schneiden wir eine Pappe zurecht und verknoten sie hinten mit einem Gummiband. Wer mag, kann im Bastelladen fertige Vorlagen kaufen. Auf dem Tisch probieren wir, wie wir die Blätter am schönsten anordnen.

Dann nehmen wir unseren 1, 2, 3-Kleister (siehe Seite 73) und kleben sie auf. Tipp: Haltbarer wird die Maske, wenn wir gepresste Blätter verwenden (siehe Seite 27).

BLATTPAARE FINDEN [5.]

Zum Basteln dieses Spieles suchen wir uns auf einem Streifzug durch die Natur verschiedene Blattarten und machen Fotos von den dazugehörigen Bäumen. Zuhause pressen wir die Blätter (siehe Seite 27). Später kleben wir die Blätter und die Fotos auf gleich große Kartonkarten. Jetzt suchen wir zu jedem Blatt den passenden Baum. Der Spieler mit den meisten Sets gewinnt.

BLATTABDRUCK IN LEHM

Als Erstes suchen wir ein paar schöne Blätter. Kleine Blätter eignen sich gut als herbstliche Aufhänger im Haus. Aus großen Blättern lassen sich schöne Untersetzer formen. Nun kneten wir etwas feuchten, aber nicht nassen Lehm oder Ton gut durch, bis er schön geschmeidig ist. Die Masse rollen wir wie einen Kuchenteig auf 1 cm Stärke aus. Dann legen wir unsere Blätter auf und rollen vorsichtig, aber kräftig mit der Teigrolle darüber. Tipp: Damit der Lehm nicht kleben bleibt, legen wir einfach etwas Frischhaltefolie zwischen Unterlage und Lehm. Die Blätter entfernen und den Abdruck nach Geschmack mit einem Messer ausschneiden. Für Aufhänger bohren wir vor dem Trocknen noch ein kleines Loch. Weitere Tipps zur Lehmverarbeitung siehe Seite 91.

Andere Ideen: Ein Blattboot bauen, Blätter prickeln, Blätter drucken, Blattmobile oder Girlande basteln, Naturpinsel aus hohlen Holunderstöcken und Blättern machen [→6].

[4.]

[5.]

[6.]

[a]

DAS IST
wirklich
WICHTIG

[a] DIE KASTANIEN am besten im Stehen mit einem Handbohrer vollständig durchbohren.

[b] ANS ENDE einer Sisalschnur einen Knoten machen und die Kastanien auffädeln. Bei diesem Fantasietier knoten wir die Ketten als Beine an einen Zapfen.

[c] MIT DURCHSICHTIGER NYLONSCHNUR knoten wir die Fabelwesen an zwei überkreuzten Stöcken an Armen, Beinen und Kopf fest.

[d] WALDTROLL aus Kastanien, Beeren, Holunderperlen, Nussschalen und Gräsern.

[e] LEICHTER ZU HALTEN: ein Vierbeiner an einem Stock.

[b]

[c]

[d]

[e]

WALDTROLLE

Marionetten aus Kastanien

Aus Fundstücken des Herbstes wie Baumfrüchten und Stöcken lassen sich fabelhafte Gnome, Elfen und Tiere des Waldes basteln. Unsere Kastanienmarionetten haben einen ganz eigenen Zauber.

Wir basteln diesmal allerlei schräge Vögel und anderes Getier. Ganz wie es uns gefällt!

Wir brauchen
- einen Handbohrer
- eine Ahle
- ein Taschenmesser oder eine Gartenschere
- Sisalschnur
- durchsichtigen Nylonfaden
- Zahnstocher oder Streichhölzer
- einen großen Korb voll Kastanien
- einige Stöckchen
- einige andere Fundstücke aus der Natur wie Eicheln, Bucheckern, Nussschalen, Hagebutten, Vogelbeeren, trockne und verblühte Fruchtstände von Pflanzen, Zapfen, Gräser und Moos

FORMENWAHL

Nach einem ausgiebigen Herbstspaziergang, auf dem alle Naturmaterialien gesammelt werden, kann es ans Basteln gehen. Je vielfältiger die mitgebrachten Fundstücke sind, desto verrückter und fantasievoller werden später die Puppen. Als Erstes legen wir aus den Naturmaterialien das gewünschte Tier oder die Puppe auf den Tisch. Keine Kastanie gleicht der anderen. Deshalb hat jede einen geeigneten Platz. Auf der einen Seite Abgeflachte eignen sich z. B. besonders als Füße. Oder wir stecken zwei von ihnen mit einem Streichholz in der Mitte zusammen und haben so einen großen Kopf. Einige Nussschalen bilden einen Schnabel, eine Eichel eine Nase

und Bucheckern einen kleinen Hut. Einige kleinere Nüsse aneinandergereiht sind gut als Puppenarme geeignet. Bei aller Fantasie sollten wir bei der Formwahl bedenken, dass die Kastanien später auf eine Schnur aufgefädelt werden müssen.

ANBOHREN UND AUFFÄDELN

Nun werden die Kastanien in der Mitte angebohrt. Dazu nehmen wir die Handbohrer, legen die Kastanie auf eine feste Unterlage und bohren sie in der Mitte mit einer Drehbewegung an. Am meisten Kraft hat man, wenn man im Stehen arbeitet [→a]. Nun fädeln wir die durchbohrten Kastanien in der gewünschten Form auf die Sisalschnur. Dazu einfach unten einen Knoten machen. Für eine menschliche Puppenform fädeln wir zwei längere Ketten als Arme und Beine und eine kürzere für den Rumpf auf. Die Arm- und Beinketten einfach in der Mitte an den Rumpf knoten. Mithilfe der Marionettenfäden kann man die Form gleich noch etwas variieren, indem der Rumpf und andere Körperteile wie Arme, Beine, Füße und Kopf angehoben werden. Dazu knöpfen wir den durchsichtigen Nylonfaden einfach an den gewünschten Stellen fest. Zwei Stöckchen am Ende dienen als Kreuz zum Bewegen [→c].

Wer noch eine echte Waldbühne für seine Puppen bauen möchte, blättert weiter auf Seite 74. Wem fällt jetzt noch eine wunderbare Waldgeschichte ein, die wir dort aufführen wollen?

TIPP: Die Handbohrer gibt es in Bastelläden. Wer keinen zur Hand hat, kann die Kastanien auch mit einem langen Nagel und einem Hammer durchstoßen. Ungeduldige nehmen die Bohrmaschine. Das Arbeiten mit dem Handbohrer dauert eine Zeit und erfordert etwas Kraft. Dafür fördert es die Feinmotorik.

[a]

DAS IST *wirklich* WICHTIG

[a] FÜR UNSERE LATERNE brauchen wir neben dem Kleister nur etwas weißes Butterbrotpapier, einen Luftballon und einige schöne Blätter.

[b] DAMIT DIE LATERNE später schön durchscheinend ist, achten wir darauf, dass die Blätter sich nicht überlappen.

[c] NOCH EINEN SCHÖNEN Laternenstock gesucht und auf geht es in die Dunkelheit hinein. Die Laterne leuchtet uns den Weg.

[b]

[c]

BLATTKUNSTWERKE

Laternen und Kostüme kleben

„Dort oben leuchten die Sterne, hier unten leuchten wir!" Doch an dieser Stelle gibt es nicht nur die Anleitung für eine wunderschöne Blattlaterne, sondern auch für ein einzigartiges Blätterkostüm samt Hut. Dazu zaubern wir unseren eigenen Kleister.

Die Blattlaternen sehen besonders schön mit bunt gefärbtem Herbstlaub aus und sind ein echter Hingucker bei jedem Laternenumzug. Für die Herstellung brauchen wir nicht viel, benötigen aber einige Tage Zeit. Als Kleber nehmen wir entweder Tapetenkleister oder einen selbstgemixten, essbaren Kleber. Das geht 1, 2, 3 und die Zutaten hat jeder in der Küche parat.

Wir brauchen für den Kleister
• 1 Teil Zucker
• 2 Teile Mehl
• 3 Teile Wasser

Für die Laterne brauchen wir
• schönes Herbstlaub
• einen großen Luftballon
• eine Rolle weißes Butterbrotpapier
• etwas Draht
• einen schönen geraden Stock als Laternenstab

ANLEITUNG

Als Erstes rühren wir unseren Kleister an. Dazu kochen wir die Zutaten unter Rühren miteinander auf und lassen sie abkühlen. Für die Laterne blasen wir einen Luftballon auf und bekleben ihn zunächst mit Schnipseln aus Butterbrotpapier. Der Bereich am Knoten wird später weggeschnitten und kann ausgespart bleiben. Am nächsten Tag bekleben wir den

Ballon mit einigen bunten Herbstblättern [→b]. Je kleiner die Blätter sind, desto leichter geht dies. Tipp: Damit später das Kerzenlicht besser durchscheinen kann, sollten die Blätter möglichst wenig überlappen. Zum Trocknen legen wir den feuchten Ballon auf einen Eimer. Nach einigen Tagen ist die Masse ausgehärtet und wir schneiden den Ballon oben aus. Als Laternenstab suchen wir uns einen geraden Stock und hängen unser Blätterwerk mit einem Draht daran [→c].

EIN BLÄTTERKOSTÜM KLEBEN

Den Umriss eines T-Shirts mit Bleistift auf Butterbrotpapier ohne Ärmel abpausen. Vorder- und Rückenteil erst mit Papierschnipseln und dann mit Blättern bekleben (s. o.). In die ausgehärteten Teile links und rechts ein Loch auf Schulterhöhe bohren. Beide mit festen Gräsern verknoten und über den Kopf werfen. Für einen Rock bzw. Gürtel in gleicher Weise z. B. einige schöne Ahornblätter aufkleben. Die ausgehärteten Blätter ausschneiden, auf etwas Schnur fädeln und um die Hüfte binden. Für den Hut einen länglichen Luftballon wie bei der Laterne bekleben. Die harte Form in zwei fast dreieckige, oben spitz zulaufende Stücke schneiden. Diese auf einem dünnen Pappstreifen aufkleben, der dem Kopfumfang des Kindes entspricht. Fertig ist der kleine Blättertroll!

TIPP: Ein schöner Herbstschmuck sind mit Blättern beklebte Marmeladengläser oder Vasen. Dazu nehmen wir einfach unseren 1, 2, 3-Kleister und kleben einige schöne Blätter direkt auf die Gefäße und lassen sie einige Stunden trocknen. Stellt man ein brennendes Teelicht in die Marmeladengläser, beginnt das Herbstlaub zu funkeln.

[a]

[b]

[c]

DAS IST
wirklich
WICHTIG

[a] **WIR BEGINNEN** mit einem Zimmermannsklank. Dazu bilden wir eine Schlaufe und führen sie um den ersten Ast.

[b] **WEITER GEHT'S** mit dem Kreuzbund. Im rechten Winkel zum Zimmermannsklank die Schnur immer von oben nach unten um das Astkreuz legen, bis der Ausgangspunkt erreicht ist.

[c] **JE MEHR LAGEN** wir binden, desto stabiler wird die Verbindung.

[d] **DAS BINDEN** der unteren Lage dient dem Straffen des Kreuzbundes.

[e] **MIT EINEM MASTWURF** wird der Bund festgezogen.

[f] **UNSER BÜHNENGERÜST** lehnen wir gegen einen umgekippten Baumstamm. So haben wir eine schöne Bühne. Vorhang auf für's Waldtheater!

74 [d]

[e]

[f]

KNOTEN UND BÜNDE

Eine Waldbühne bauen

Heute wollen wir im Wald die Puppen tanzen lassen. Dazu bauen wir aus Stöcken und etwas Schnur eine schöne Waldbühne. Verehrtes Publikum, Vorhang auf für unsere Kastanienmarionetten!

Die Waldbühne lässt sich sehr schnell verwirklichen. Wer keine Marionetten gebastelt hat (siehe Seite 71), sucht einfach an Ort und Stelle ein paar Fundstücke zusammen. Ein Zapfen mit ein paar Hagebutten dekoriert, fertig ist z. B. ein frecher Waldgnom.

Für die Waldbühne brauchen wir
• Sisalschnur
• ein Taschenmesser oder eine Gartenschere
• verschiedene Stöcke z. B.:
  4 St. etwa 1,50 m
  2 St. etwa 1,10 m
  2 St. etwa 1,00 m

Natürlich kann Größe und Form des Theaters ganz den eigenen Bedürfnissen angepasst werden. Wer möchte, packt für die Zuschauerplätze noch eine alte Decke ein.

FUNDSTÜCKE SUCHEN

Als Erstes suchen wir uns eine schöne Stelle im Wald für unsere Aufführung. Wir hatten Glück und haben einen umgestürzten Baumstamm gefunden. Das ist sehr praktisch. Zum einen können wir das Stockgerüst hier anlehnen, zum anderen bildet er einen schönen Bühnengrund. Nun geht es auf Stocksuche. Als Naturfreunde sammeln wir nur Totholz, das herumliegt (siehe auch Verhalten in der Natur Seite 11).

BINDEN WIE DIE PFADFINDER

Für den Waldbühnenbau lernen wir das Binden von Knoten und Bünden. Sie lassen sich vielseitig z. B. für Tisch- und Stuhlrahmen verwenden und sind bei Pfadfindern beliebt. Wer's einfacher mag, steckt die Stöcke einfach in die Erde und verkantet sie ineinander.

ANLEITUNG KNOTEN UND BÜNDE

Wir beginnen mit dem sogenannten **Zimmermannsklank**. Dazu eine Schlaufe machen, indem wir das Schnurende zweimal um sich selbst wickeln. Das lange Ende von hinten um den Ast schlagen und es von vorne durch die Schlaufe führen. Dann die Enden festziehen [→a].
Als Nächstes verbinden wir zwei Astenden mit einem **Kreuzbund**. Dazu legen wir einen zweiten Stock im rechten Winkel an den Stock mit dem Zimmermannsklank. Das sieht dann in etwa aus wie ein großes Pluszeichen. Das lange Schnurende nun von oben über den längs liegenden zweiten Ast schlagen. Dann auf der anderen Seite unter dem ersten Ast durch und wieder über den zweiten Ast hinwegführen [→b]. Das Schnurende befindet sich jetzt am oberen Ende des Zimmermannsklanks. Die Schnur unter dem Zimmermannsklank hindurchführen und mit der nächsten Lage des Kreuzbundes beginnen. Dabei die Schnur einfach genau entlang der ersten Lage führen. Sie sollte sich nicht überschneiden und immer schön straff gezogen sein [→c]. Nach zwei Lagen die Schnur einmal straff unterhalb des oberen Astes wickeln [→d].
Mit einem **gesteckten Mastwurf** wird der Kreuzbund endgültig festgezogen. Der wird aus zwei Schlaufen gebildet und sieht aus wie eine liegende Acht: Die Schnur von oben über den unteren Ast führen und dann an der Unterseite zum Ausgangspunkt zurück, sodass sich eine erste Schlaufe bildet. Das Schnurende führen wir nun von vorne nach hinten über den Ast und schließlich wieder nach vorne. So entsteht eine zweite Schlaufe. Das lose Ende unterhalb der ersten Schlaufe nach oben führen und festziehen [→e]. Für die abgebildete Waldbühne noch elf weitere Stöcke suchen und miteinander verbinden. Zum Schluss wird das Stockgerüst am Baumstamm aufgestellt.

[a]

[b]

[c]

MIT VIEL GEFÜHL DIE RINDENHÜLSE ABZIEHEN

[d]

[e]

[f]

[g]

[h]

DAS IST *wirklich* WICHTIG

[a] ZWEIG für das Mundstück anspitzen: Mit einem Schnitt vom Körper weg das eine Astende auf einer Länge von etwa 2 cm anschrägen.

[b] KERBE für das spätere Pfeifloch: Etwa 3 cm vom Astende die Rute dafür zweimal schräg einritzen.

[c] ETWA 5 CM vom gegenüberliegenden Astende die Rinde rundherum mit dem Messer einritzen.

[d] RINDE VOM HOLZ LÖSEN: Mit zusammengeklapptem Messer einige Zeit von allen Seiten auf den Zweig klopfen.

[e] NACH EINIGEN MINUTEN lässt sich die Rinde drehend nach oben abziehen. Vorsicht: Der Rindenhohlkörper darf nicht reißen, deshalb sehr langsam arbeiten.

[f] DAS MUNDSTÜCK vom Kernholz abschneiden: Einen geraden Schnitt an der ersten Kerbe machen. Damit ein Luftloch für den Pfeifton entsteht, das Mundstück abflachen und dann vorne noch einige Millimeter gerade kürzen.

[g] DAS MUNDSTÜCK mit der abgeflachten Seite zur Kerbe in die Rindenhülse schieben.

[h] DIE TONHÖHE verändern wir, indem wir blasend das Kernholz auf und abschieben.

SCHNITZEN

So klingt meine Weide

In diesen Stöcken steckt Musik. Mit einem Taschenmesser für Kinder schnitzen wir eine Weidenpfeife. Das einfache, aber schöne Musikinstrument eignet sich hervorragend als erste Schnitzübung.

Schnitzen ist eine zwar nicht ganz ungefährliche, aber dafür sinnvolle Fertigkeit. Richtig vermittelt, schult es Feinmotorik und Verantwortungsbewusstsein, fördert Konzentrationsvermögen und räumliche Vorstellungskraft. Selbst geschnitzte Werkstücke machen stolz und selbstbewusst. Dabei ist Vorsicht und Sorgfalt im Umgang natürlich Pflicht.

WICHTIGE SCHNITZREGELN

- Wir suchen einen sicheren Platz zum Arbeiten mit festem Untergrund. Besonders gut schnitzen wir im Sitzen mit gespreizten Beinen.
- Das Messer wird nur zum Schnitzen aus- und nach Gebrauch stets eingeklappt.
- Wir achten darauf, dass niemand gefährdet wird. Die Schneide darf nicht in Richtung eines anderen oder des eigenen Körperteils geführt werden.
- Wir schnitzen mit der Klinge vom Körper weg.

ANLEITUNG WEIDENPFEIFE

Zum Schnitzen brauchen wir ein etwa 20 cm langes und etwa daumendickes Stück Weidenrute. Der Zweig sollte möglichst gerade gewachsen sein und keine Verästelungen besitzen. Wichtig ist, dass die Weide gut Wasser gezogen hat. Deshalb sollte sie frisch abgeschnitten werden. Trockne Weiden werden über Nacht in eine Wasserschale gelegt. Der beste Zeitpunkt zur Herstellung ist das Frühjahr, weil die Weiden dann voll im

Saft stehen. Für die Pfeife trennen wir die Rinde vom Holz und schaffen so einen Hohlkörper. Das fertige Instrument besteht aus drei Teilen: dem Mundstück, der Rindenhülse und dem Kernholz.
Noch nicht genug vom Schnitzen? Fein, dann gibt es hier noch ein Taschenmesser-Einsteigerprojekt.

EINEN WANDERSTAB VERZIEREN

Wer schon einmal zu einer Wanderung aufgebrochen ist, weiß die Vorzüge eines Wanderstocks zu schätzen. Alle anderen lernen sie kennen. Als Erstes suchen wir uns einen schönen stabilen Totholzast. Er sollte dem zukünftigen Besitzer etwa bis zum Ellenbogen reichen und so dick sein, dass er ihn gut halten kann. Mit dem Messer entfernen wir in Mustern wie Ringen und umlaufenden Schlangen- und Zickzacklinien die Rinde des Stocks. Dazu auf einer festen Unterlage in der gewünschten Form je zwei Begrenzungslinien in das Holz schneiden. Die Klinge steht dabei im 90°-Winkel zum Stock. Mit schrägliegender Klinge wird letztendlich das Holz zwischen den Begrenzungen entfernt – natürlich mit Schnitten vom Körper weg.

Wer noch mehr Naturinstrumente selbermachen möchte, blättert auf die nächste Seite.

TIPP: Als Werkzeuge eignen sich besonders spezielle Taschenmesser für Kinder. Sie sind vorne abgerundet und besitzen keine gefährlichen Spitzen wie normale Taschenmesser. Dennoch sind sie sehr scharf. Nur mit einem scharfen Werkzeug kann man gut arbeiten. Stumpfe Messer erhöhen die Verletzungsgefahr eher.

[1.]

[2.]

[3.]

STOCKPARADE

Ideen mit Naturholz

Stöcke sind einfach genial. Wir können mit ihnen spielen, basteln, bauen, schmücken und sogar musizieren. Hier einige Ideen und Anregungen.

EINE ASTRATSCHE SCHNITZEN [1.]

Für dieses einfache Rhythmusinstrument benötigen wir einen schönen Ast von etwa 3 bis 5 cm Dicke und 20 bis 30 cm Länge. Mit dem scharfen Taschenmesser werden etwa zehn Kerben in den Stock geschnitzt. Mit einem zweiten Stock reibt man über die Kerben und erzeugt so das Ratschen. Tipp: Verschiedene Holzarten ergeben unterschiedliche Laute. Holunderstöcke lassen sich mit einem Draht o. Ä. aushöhlen und ergeben einen ganz eigenen Klang.

EIN XYLOPHON MACHEN [2.]

Der Klassiker unter den Naturinstrumenten. Die klingenden Hölzer, wie es übersetzt heißt, lassen sich einfach herstellen und sind zudem im Garten oder auf dem Balkon schön anzusehen. Auch hier gilt: Unterschiedliche Holzarten ergeben einen anderen Klang. Gleiches gilt für die Länge. Die Hölzer werden mit einer Ahle oder einer Bohrmaschine angebohrt und an einem Band aufgehängt. Tipp: Ein Windspiel erhalten wir, wenn wir einige Holunderstöcke aushöhlen und an einen Weidenkranz binden.

EINE STOCKRASSEL BAUEN [3.]

Als Erstes suchen wir einen etwa 20 bis 30 cm langen Stock mit einer kräftigen Astgabel. Besonders schön wirkt die Rassel, wenn wir die Rinde mit einem Schnitzmesser entfernen. Dann bohren wir am oberen Ende der beiden Gabeln zwei Löcher. Dazwischen spannen wir ein Lederband auf, auf das wir nach Belieben angebohrte halbe Walnüsse, Haselnüsse, Kastanien, Muscheln und Schneckengehäuse fädeln. Auch Holunderperlen (siehe Seite 85) sorgen für Rasselspaß.

EINEN JAHRESZEITENAST SCHMÜCKEN [4.]

Hier holen wir uns die Natur ins Haus. Wir suchen einen schönen, knorrigen Ast ohne Rinde von etwa 1 bis 2 m Länge. Den hängen wir an beiden Enden mit etwas Schnur z. B. in ein Fenster oder über einen Tisch. Je nach Jahreszeit kann der Ast mit Naturfundstücken oder Bastelarbeiten wie z. B. einer Kastanienkette dekoriert werden.

EINEN NATURBILDERRAHMEN BASTELN [5.]

Auch hier wird wieder dekoriert. Nach der Anleitung für die Waldbühne (siehe Seite 75) binden wir einen einfachen Rahmen aus vier Stöcken. Dann wird der Rahmen mit Sisalschnur umwickelt. Nun können Fundstücke aus der Natur wie Blüten, Blätter, Gräser, Früchte oder Federn eingesteckt werden. Bei einer Variante bastelt man aus Stöckchen und etwas Schnur oder Lehm z. B. kleine Häuser etc. und hängt sie in den Rahmen.

EINE STOCKHÜTTE BAUEN [6.]

Sie lassen sich wunderbar bei einem ausgiebigen Waldspaziergang mit viel Zeit verwirklichen. Wir suchen dafür möglichst viele Totholzstöcke. Verschiedene Bautechniken können ausprobiert werden. Am leichtesten geht es, wenn die Stöcke schräg gegen einen großen Baum gelehnt werden. Oder es werden verschiedene lange Stöcke mit Astgabeln in den Boden gerammt und oben verkantet. Bei einer anderen Variante werden die Äste zwischen verschiedenen Senkrechten, z. B. aus Bäumen, gelegt und aufgeschichtet.

EIN INDIANERTIPI AUFSTELLEN

Im Gegensatz zur Stockhütte die Äste hier mit einem Seil verbinden und mit Tüchern abhängen. Dazu benötigen wir drei möglichst lange, gerade und stabile Äste. Am oberen Ende verbinden wir sie mit einem Dreibund. Dazu die Stangen nebeneinander legen und das Seil immer abwechselnd von oben nach unten quer zwischen den Hölzern hindurchführen. Nach einigen Malen vor und zurück das Seil spannen, indem es längs zwischen die Äste gewickelt wird. Das Ende verknoten. Zum Aufstellen den mittleren Ast hervorziehen und das Ganze in Form eines Dreiecks auf den Boden stellen. Damit das Tipi gemütlicher

wird, zwischen das Dreibein noch weitere lange Äste stellen. Das Zelttuch mit etwas Seil an den Enden am Gestänge festbinden und zusätzlich mit Wäscheklammern fixieren. Ein Dreibein eignet sich übrigens auch hervorragend, um einen Topf über ein Lagerfeuer zu hängen.

EINEN DRACHEN BAUEN

Was für ein Spaß, bei windigem Wetter einen Drachen fliegen zu lassen. Besonders, wenn er selbstgemacht ist. Allgemein gilt: Der Drachen sollte möglichst leicht, symmetrisch im Aufbau und nicht zu klein sein. Wichtig ist es deshalb, zwei geeignete Stöcke zu verwenden. Sie sollten höchstens 1 cm dick sein und absolut gerade und gleichmäßig gewachsen. Ideal ist ein Längenverhältnis der beiden von 4:5, also z. B. 60 cm zu 48 cm. Als Erstes sägen wir eine kleine Nut in alle vier Astenden. Dann legen wir den Kurzen bündig an den Langen an und markieren den Punkt, an dem er aufhört. An diesem Punkt legen wir den Kurzen quer und mittig an und verbinden beide mit einem Kreuzbund (siehe Seite 75). Das Schnurende führen wir außen an dem Kreuz entlang, sodass es in der Nut liegt. Mit etwas farbigem Transparentpapier oder farbig bemaltem Butterbrotpapier (siehe Seite 131) bespannen wir das Kreuz. Dazu das Papier so zuschneiden, dass es an den Seiten überlappt. Dann nach innen falten und festkleben. Ein langer Schwanz aus Schnur mit bunten Papierfaltern hilft beim Ausbalancieren in der Luft. Tipp: Eine sogenannte Drachenwaage hilft, die Konstruktion genau auszubalancieren. Dazu eine Schnur am Kreuz und am unteren Ende des langen Stockes befestigen und testen, wie der Drachen genau waagrecht hängt.

[4.]

[5.]

[6.]

DAS IST
wirklich
WICHTIG

[a] **EINEN ZWEIG IN DER MITTE BIEGEN** und seine Enden überkreuzen. Die Tropfenform mit einer ca. 1,5 m langen Schnur fixieren.

[b] **DIE ÜBERLAPPENDEN ZWEIGENDEN** verkanten wir zu einem Bogen. Der Zweig hat nun die Form einer Acht. Die dünne Zweigspitze um das dicke Ende wickeln und festbinden.

[c] **NACHDEM DER ZWEITE ZWEIG** zur Acht gebogen ist, legen wir die beiden in der Mitte übereinander und binden sie zusammen. Aus den überstehenden Schnurenden knoten wir zwei Schlaufen zum Aufsetzen.

[d] **DIE FLÜGEL** mit Sisalschnur umwickeln und mit Gräsern und Blumen schmücken. Mit den Schnurschlaufen setzen wir die Flügel auf den Rücken. Fertig zum Abheben?

SCHMETTERLINGSFLÜGEL

Tiere aus Zweigen biegen

Aus biegsamen Zweigen basteln wir ein Paar Schmetterlingsflügel, eine kleine Schnecke mit Häuschen und ein wildes Stockpferdchen. Viel Spaß beim Biegen und Spielen.

Grundmaterial für alle Tierchen sind biegsame Zweige. Geeignet sind z. B. Weiden- oder Haselruten. Ruten sind die einjährigen Triebe, die noch wenig verzweigt sind. Aber auch Heckenrosen, die nur wenige Stacheln haben, oder Forsythienzweige lassen sich verwenden. Am besten lassen sich frisch geschnittene Zweige biegen. Trockene Ruten weichen wir über Nacht in Wasser ein.

Außerdem brauchen wir
• ein Taschenmesser oder eine Gartenschere
• etwas Schnur oder Draht
• starke Daumen und Zeigefinger
• einige Fundstücke aus der Natur wie Hagebutten, Kastanien, Gräser, Blüten etc.

SCHMETTERLINGSFLÜGEL

Sie sind ein gutes Einsteigerprojekt und schnell verwirklicht. Aus zwei langen Ruten biegen wir je eine Acht. Die Zweige sollten etwa 1,5 bis 2 m lang sein. Die Flügel mit Schnur umwickeln und mit Gräsern und Blumen schmücken. Mit zwei Schnurschlaufen setzen wir die Flügel auf den Rücken. Wer mag, formt sich noch einen kleinen Haarkranz und einen Zauberstab. Fertig ist das Elfenkind.

SCHNIRKELSCHNECKE

Nach der Acht formen wir nun eine Schnecke. Dazu nehmen wir einen besonders langen Zweig und rollen ihn vom dicken Ende her spiralförmig von innen nach außen. Dazu den Zweig immer wieder zwischen Daumen und Zeigefinger biegen bis er in der gewünschten Form bleibt. Zum Fixieren einige Stöcke sternförmig durch das Schneckenhaus stecken. Mit zwei Schnurschlaufen über die Schultern aufsetzen. Für die Fühler einen Weidenkranz in Kopfgröße biegen. Durch diesen zwei kürzere Zweige stecken, die an beiden Enden etwa 10 cm herausschauen. Auf die Fühler Hagebutten, Kastanien o. Ä. setzen.

STOCKPFERDCHEN

Das Pferdchen erfordert etwas mehr Geschick, da wir eine räumliche Form erstellen. Neben einem Arm voll dünnerer Zweige benötigen wir einen dicken, etwa 1 m langen Totholzast. Den Pferdekopf formen wir, im Profil beginnend, an der Mähne zu den Ohren über die Nüstern zurück zur Mähne. Das Ganze sieht etwa aus wie ein gekipptes P. Wir binden es am Ende des Astes fest. Auf die gleiche Weise formen wir weitere Pferdekopfprofile und binden sie fest. Nach außen sollten sie immer kleiner werden. Schließlich weben wir einige Zweige ringförmig ein. Dazu wird der Zweig im Wechsel ober- und unterhalb der Profile „eingenäht". Als Mähne flechten wir noch einige Gräser oder etwas Stroh ein. Ein Paar Eicheln oder Kastanien bilden die Knopfaugen des kleinen Wildfangs.

TIPP: Häufig finden wir Schnittgut im zeitigen Frühjahr z. B. an Knicks, Böschungen oder Ufersäumen. Einfach einmal nachfragen, ob es zur Verfügung steht. Übrigens ist das Beschneiden von Sträuchern und Bäumen nach dem 1. März zum Schutz der brütenden Vögel verboten.

[1.]

[2.]

BIEGSAME ZWEIGE

pflanzen, binden und winden

Mit biegsamen Zweigen von Weide, Hasel, Forsythie oder Heckenrose lassen sich spielend leicht viele schöne Bauwerke, Spielzeuge oder Schmuckstücke zaubern. Hier einige Ideen.

EIN WEIDENTIPI PFLANZEN [1.]

Dieses Projekt lässt sich am besten im eigenen Garten verwirklichen. Im zeitigen Frühjahr graben wir einen etwa 20 cm tiefen, kreisförmigen Graben, in den wir die Weiden zeltförmig setzen. Dann alles mit Erde bedecken und gut angießen. Da Weiden im Frühjahr sehr früh austreiben und blühen, sind sie eine wichtige Nahrungsquelle für alle Nektarsucher wie Bienen und Hummeln. Mit Weiden lassen sich leicht auch andere „Bauwerke" verwirklichen. So können wir einen Kriechtunnel pflanzen und Rankgitter für Kletterpflanzen bauen oder natürliche Zäune flechten. Wie man mit Weiden die abgebildete Pforte, einen Kaufmannsladen oder einen Stuhl baut, steht in dem Buch „Gartenkinder". Tipp: Da Weiden bei idealen Bedingungen sehr stark wurzeln, sollte man beim Pflanzen aufpassen, dass sie nicht zu nah an Rohrleitungen etc. gesetzt werden. Wer auf Nummer sicher gehen will, steckt die Weiden nur leicht in die Erde und gießt sie nicht an. Sollten doch einige Weiden austreiben, können sie später oberhalb des Bodens abgeschnitten werden.

EINEN REISIGBESEN BINDEN [2.]

Kleine Hexen aufgepasst: Andere tanzen am 30. April in den Mai, ihr fliegt mit euren Freundinnen um das Feuer auf dem Blocksberg. Besonders schön reitet es sich auf einem selbstgemachten Besen. Dafür einfach einen langen, geraden Stock mit etwas Reisig und Draht oder Schnur umwickeln. Schon kann der wilde Hexenritt starten. Und alle Nicht-Zauberkünstler können den Besen natürlich einfach zum Fegen benutzen. Besonders für die ganz Kleinen immer wieder ein großer Spaß.

EINEN ZAUBERSTAB BIEGEN [3.]

Kleine Magier können sich noch schnell einen Zauberstab basteln. Dazu wird eine schöne, lange Rute z. B. von einer Weide an einem Ende sternförmig geknickt und mit einem Stück Draht oder einer Schnur befestigt. Den Stern kann man entweder aus zwei Dreiecken formen, deren Spitzen versetzt miteinander verknotet werden. Oder man versucht, ähnlich wie bei der Zeichnung vom Haus vom Nikolaus, den Stern aus einem Stück zu biegen. Dazu wird der Zweig zunächst einmal in der Mitte und dann noch vier Mal etwa im Abstand einer Hand um ca. 30° geknickt. Das Zweigende am langen Stabende festknoten. Kleine Feen freuen sich außerdem über ein Flügelpaar aus zwei zu einer Acht gebogenen Zweigen, die an einen Ast geknotet werden (siehe Seite 81).

[3.]

KRÄNZE WINDEN [4.]

Sie sind ungeheuer vielseitig einsetzbar. Als Spiel können sie über einen in den Boden gesteckten Stock geworfen werden. Oder sie bilden selbst das Ziel beim Zapfenzielwurf. Außerdem lassen sie sich schön schmücken. Sie können aufgehängt werden oder als Haarkranz dienen. Einen biegsamen Zweig zwischen Daumen und Zeigefinger vom dicken Ende biegen. Dazu immer wieder mit den Daumen kräftig gegen die Innenrundung drücken. Das ist ganz schön anstrengend. Ist die ganze Rute auf diese Weise vorgebogen, lässt sich ein (möglichst) runder Kranz winden. Dabei wird die Rute immer wieder von unten nach oben um sich selbst gewickelt. Wer mag, kann den Kranz noch mit etwas Schnur oder Draht verknoten.

EINE ANGELRUTE MACHEN [5.]

Sie lässt sich mit wenigen Handgriffen fertigen. Gut so, denn dafür hat man nachher umso mehr Zeit, damit zu spielen! Einfach eine schöne, lange Rute suchen und an deren Ende ein langes Stück Sisalschnur binden. Damit das Schnurende im Wasser nicht untergeht, bauen wir noch einen einfachen Schwimmer. Dazu durchbohren wir ein etwa Handteller großes Stück Rinde in der Mitte, führen die Schnur hindurch und knoten ein kleines Stöckchen an die Unterseite als Auflager. Als Angelhaken dient ein langer Dorn, der einige Zentimeter unter dem Schwimmer zusammen mit einer hübschen, bunten Feder festgeknotet wird. Wer möchte, kann auch noch einen Köder basteln. Dazu einfach einige Fundstücke in der Natur sammeln wie z. B. Zapfen, Früchte, Beeren etc. und sie aufspießen. Übrigens: Echtes Angeln ist in Deutschland nur mit Genehmigung erlaubt.

PFEIL UND BOGEN BASTELN [6.]

Kleine Steinzeitjäger und Indianer freuen sich über diese Jagdinstrumente! Für die Spielbögen wird am Ende einer Rute ein Stück Sisalschnur geknotet. Als Sehne die Schnur spannen und am anderen Ende des leicht gebogenen Zweiges befestigen. Der Bogen wird später nach Belieben stärker gespannt, indem die Schnur weiter um die Rute gewickelt wird. Für die Pfeile einige Weiden in Armlänge des Jägers schneiden und mit einem scharfen Feuerstein oder dem Taschenmesser anspitzen. Für eine bessere Flugbahn das hintere Pfeilende einritzen und Federn oder Samenstände von Gräsern hineinstecken. Vorne einen kleinen, länglichen Stein festbinden. Selbstverständlich nehmen wir die Waffen nur zum Spielen und zielen nicht auf Lebewesen. Wer mag, bastelt sich noch einen Kopfschmuck aus schönen Gräsern und einen Köcher. Dazu einfach eine lange Papierrolle mit Blättern bekleben und mit einer Schnur umhängen. Übrigens werden Sportbögen gerne aus dem härteren, aber dennoch biegsamen Holz der (giftigen!) Eibe hergestellt. Dabei wird die Sehne so stark gespannt, dass sich der Bogen nur beim Pfeilspannen biegt.

NESTER UND KOBEL BAUEN

Erstaunlich wie Vögel ihre Nester mit ihren Schnäbeln und Krallen bauen. Anhand der verwendeten Materialien und der Bauweise können Fachleute die Baumeister identifizieren. Manche arbeiten sehr sorgfältig, andere eher schnell und wild. Die runden Kugelnester des Eichhörnchens entdeckt man nur sehr selten in der freien Natur. Wir erkennen sie an ihrem Einstieg an der Nestunterseite. Mit dem Schnittgut im Frühjahr versuchen wir, verschiedene Nestformen nachzubilden. Das ist gar nicht so einfach, bringt aber Spaß, oder?

TIPP: Schnittgut z. B. Weiden, Haseln und Heckenrosen finden wir häufig im zeitigen Frühjahr. Sie werden auch Ruten genannt und dürfen bis zum 1. März geschnitten werden. Wichtig ist, dass sie noch frisch sind, ansonsten müssen sie einige Stunden in Wasser eingeweicht werden.

[4.]

[5.]

[6.]

[a]

DAS IST
wirklich
WICHTIG

[a] WIR BRAUCHEN für die Perlen frisch entrindete Holunderstöcke, einige getrocknete Hagebutten sowie eine Gartenschere, eine Ahle, etwas Schnur oder Lederband.

[b] DIE STÖCKE mit einer sehr scharfen Gartenschere vorsichtig in etwa 1 cm lange Stücke schneiden.

[c] DAS WEICHE HOLUNDERMARK mit der Ahle durchstoßen.

[d] WER MÖCHTE, färbt seine Naturperlen noch mit Pflanzen. Fertig sind die Naturschönheiten.

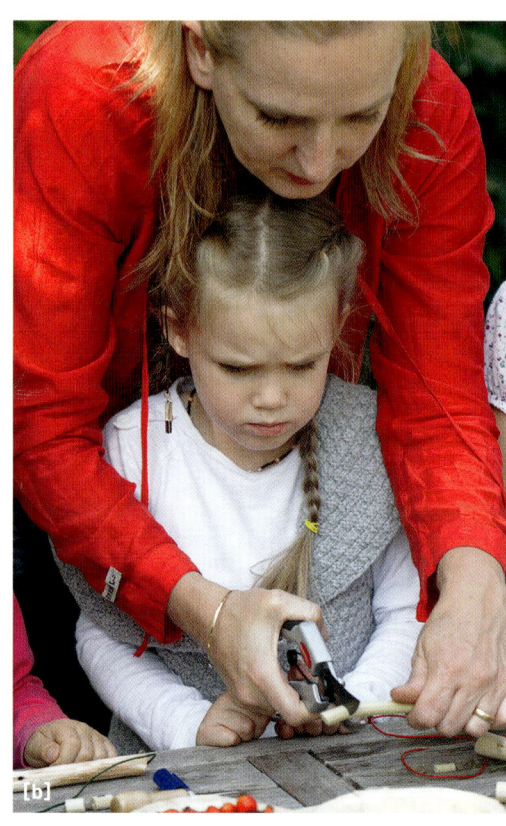

[b]

[c]

[d]

NATURSCHMUCK

Bunte Holunderperlen machen

Selbstgemachte Holzperlen sind einfach schön. Jede ist ein echtes Einzelstück.
Wir können damit nicht nur Ketten aufziehen. Als Fädelloch nutzen wir eine Eigenart
des Holzes.

Holz hat wie einige andere Pflanzen in der Mitte einen weichen Kern, Mark genannt. Der äußere Bereich ist hingegen hart. Mit einem spitzen Gegenstand wie einem Nagel oder Werkzeug wie einer Ahle können wir das Mark leicht durchstoßen. Das Holz des Holunders hat ein besonders dickes Mark. Zum Herstellen unserer Perlen eignet es sich daher besonders gut. Am besten junge Zweige schneiden. Ihr Holz ist noch elastisch und nicht so porös. Aber auch andere Hölzer eignen sich. Hasel, Heckenrose und Forsythie haben einen Kern, der sich leicht durchstoßen lässt. Er ist jedoch nicht so dick wie beim Holunder. Damit der harte, äußere Bereich des Holzes nicht bricht, ist es wichtig, besonders scharfes Schneidewerkzeug zu verwenden. Was noch beim Fertigen der Holzperlen zu beachten ist, steht auf der Fotoseite.

Wir brauchen
• eine sehr scharfe Gartenschere oder ein Taschenmesser
• dünne Bänder z. B. aus Leder
• einen Draht, eine Ahle oder einen dünnen Handbohrer
• einige etwa fingerdicke, junge Zweige z. B. vom Holunder
• getrocknete Hagebutten

MATERIALKUNDE

Der Schwarze Holunder, lateinisch *Sambucus nigra* hat übrigens viele Namen. In Norddeutschland wird er überwiegend Flieder genannt. Dabei ist er keinesfalls mit dem Zierstrauch Flieder *(Syringa)*, der im Frühjahr in Weiß und verschiedenen Lilatönen blüht, verwandt. In Süddeutschland ist er auch als Holler oder Hollerbusch bekannt.

ROSENPERLEN SELBSTGEMACHT

Wir ergänzen unsere Ketten mit einigen Rosenperlen. Dafür sammeln wir Hagebutten. Die Fruchtstände der Rosen, die aus den befruchteten Blüten wachsen, können wir ab Spätsommer bis in späten Herbst pflücken. Sie sollten reif, aber noch nicht matschig sein. Tipp: Damit die Hagebutten nicht doch nach wenigen Tagen matschig werden, am besten vorab im Backofen trocknen. Dazu die gut ausgebreiteten Hagebutten in den auf 80 °C vorgeheizten Ofen auf einem Backblech mit Backpapier legen. Nach einer Stunde wenden und Temperatur auf 40 °C drosseln. Damit die Feuchtigkeit entweichen kann, die Ofentür einen Spalt offen lassen.

NATÜRLICHES FARBSPIEL

Unsere Holzperlen können wir sehr schön mit einigen Pflanzenfarben bunt färben. Einen sehr intensiven violetten Farbton ergeben z. B. die reifen Holunderbeeren. Einfach mit einem Kartoffelstampfer zerdrücken, mit etwas Wasser aufkochen und durch ein Sieb passieren. Gibt man etwa Essig hinzu, wird der Saft rot, mit etwa Backpulver bzw. Kaisernatron blau. Wer noch andere Naturfarben herstellen möchte, schaut auf Seite 39.

ÜBRIGENS: Mit den Naturperlen können wir leicht einfache Stoffbeutel oder Nesselstofftaschen (erhältlich in Bastelgeschäften) besticken.
Außerdem klackern sie schön auf einer Astgabelrassel (siehe Seite 78) und sind ein guter Schwimmer unserer selbstgemachten Angel (siehe Seite 83).

[1.]

[2.]

[3.]

HOLUNDERRREZEPTE

aus Blüten und Beeren

Mit Holunder können wir nicht nur sehr gut basteln. Aus seinen Blüten und Beeren zaubern wir im Frühling und Herbst manch süße Leckerei in der Küche. Schleckermäulchen zu Tisch bitte.

HOLUNDERBLÜTEN-LIMONADE [1.]

Etwa zehn frisch geerntete Blütendolden in einer Wasserschüssel mit etwa 2 l Wasser und nach Geschmack mit dem Saft einer Zitrone auffüllen. Etwa fünf gehäufte EL Honig hinzugeben. Schüssel abdecken und über Nacht ziehen lassen. Mischung durch ein feines Sieb oder Tuch filtern. In schöner Karaffe mit Eisstücken und Zitronenscheiben servieren und nach Belieben mit Apfelsaft oder Mineralwasser verfeinern. Für den sofortigen Genuss.

HOLUNDERBLÜTEN-SIRUP [2.]

Wer diesen Sirup einkocht, kann die Holunderblüten das ganze Jahr im Kaltgetränk genießen. Auf 1 l Wasser kommen dabei etwa zehn Holunderblüten sowie 1,25 kg Zucker und 20 g Zitronensäure (in der Apotheke als Ascorbinsäure erhältlich). Wasser abkochen und noch warm mit Zucker und Zitronensäure verrühren. Abkühlen lassen und Holunderblüten hinzugeben. In einem verschließbaren, vorher ausgekochtem Gefäß (!) an einem warmen Ort 24 Stunden ziehen lassen. Die Mischung durch ein feines Sieb oder Tuch in verschließbare Flaschen filtern. Den fertigen Sirup nach Belieben mit Wasser und Apfelsaft auffüllen.

HOLUNDERBLÜTEN-GELEE [3.]

Wir benötigen
• zehn Holunderblüten
• 1 kg Gelierzucker 1:3
• 1 l Apfel- oder Traubensaft
• Saft einer Zitrone

Holunderblüten etwa 24 Stunden im Obstsaft ziehen lassen. Mischung durch ein feines Sieb oder besser Mulltuch abseihen und auspressen. Einmachgläser mindestens zehn Minuten zum Sterilisieren in vorgeheizten Ofen bei 100 °C stellen. Sud unter ständigem Rühren mit Gelierzucker und Zitronensaft aufkochen. Sprudelnd einige Minuten kochen lassen. Mit einem Schaumlöffel entstehende Bläschen abschöpfen. In einen feuerfesten Krug füllen und dann in Gläser abfüllen und fest verschließen. Einige Minuten auf dem Kopf stehen lassen.

HOLLERKÜCHLEIN [4.]

Wir benötigen
- zwölf Holunderblüten mit möglichst langen Stielen
- 200 g Dinkelmehl
- 100 ml Milch
- 100 ml Mineralwasser oder Apfelsaft
- 50 g Butter
- zwei getrennte Eier
- eine Packung Vanillezucker
- 1 EL Zucker
- eine Prise Salz
- Puderzucker
- Butterschmalz zum Backen
- Küchenkrepp

Eiweiß steif schlagen, Vanillezucker hinzufügen. Eigelb, Zucker, Butter und Milch schaumig rühren. Dann Mehl und Salz langsam unterrühren. Schließlich noch Wasser bzw. Saft hinzufügen. Geschlagenes Eiweiß vorsichtig unterheben, damit es nicht zerfällt. Fett in einem Topf erhitzen. An einem Holzlöffel dürfen sich noch keine Bläschen bilden. Die Dolden am Stil erst in den Teig und dann kurz in das Fett tunken und ausbacken. Mit Schaumlöffel oder Sieb herausfischen. Goldgelbe Küchlein zum Abtropfen auf Küchenkrepp legen. Warm mit Puderzucker und etwas Vanilleeis genießen.

FLIEDERBEERSAFT [5.]

Circa 1 kg Fliederbeeren mit Gabel von Strunk abstreifen, waschen. In großen Topf geben, mit 70 g Zucker mischen. Gerade so viel Wasser zufügen, dass die Beeren bedeckt sind. Mit geschlossenem Deckel aufkochen. Etwa 15 Minuten bei mittlerer Temperatur köcheln lassen. Großes Sieb mit altem Geschirrtuch oder Papiertuch auskleiden und über eine Schüssel legen. Fliederbeeren vorsichtig darüber abgießen.

Tipp: Für klaren Saft Tuch nicht auspressen. Zum Lagern Saft in gut ausgekochte Flaschen mit Schraubverschluss geben. Kühl und dunkel lagern.

FLIEDERBEERSUPPE MIT GRIESSKLÖSSEN [6.]

Wir benötigen für die Klöße
- 250 g Grieß
- 1 l Milch
- 40 g Zucker
- eine Prise Salz
- ein Eigelb
- 1 EL Butter

Für Klöße: Milch kurz aufkochen, Zucker, Salz und Grieß einrühren, nochmals aufkochen. Eigelb und Butter unterrühren. Mit Esslöffel, der immer wieder in kaltes Wasser getunkt wird, Klöße formen und auf Teller legen.

Wir benötigen für die Suppe
- 1 l Holunder- bzw. Fliederbeersaft
- ¼ l Wasser oder Apfelsaft
- 4 bis 8 EL Honig
- zwei Äpfel
- 1 EL Zitronensaft
- 2 EL Speisestärke

Für Suppe: Stärkemehl mit etwas Wasser glatt rühren und langsam in kochenden Fliederbeersaft einrühren. Nach Geschmack Wasser und/oder Apfelsaft sowie Honig unterrühren. Mit Zitronensaft beträufelte Apfelschnitten hinzufügen.

[4.]

[5.]

[6.]

TIPP: Die weißen Blütenrispen findet man etwa von Mai bis Juni. Sie sollten grob von Hand von kleinen Tierchen befreit werden, da sie beim Auswaschen leicht ihr Aroma verlieren. Die reifen Beeren sind roh giftig und können zwischen August und September gepflückt werden.

ERDE UND STEINE

Forschen, matschen, spielen

IN DIESEM KAPITEL LERNEN WIR, WIE WICHTIG AUCH DIE KLEINSTEN ERDBEWOHNER FÜR UNS SIND. AUSSERDEM SCHMEISSEN WIR MIT LEHM, BAUEN MIT STEINEN, LESEN UND KONSERVIEREN TIERSPUREN UND BESTIMMEN VIELE PILZARTEN. VIEL SPASS DABEI!

DAS IST *wirklich* WICHTIG

[a] ALS ERSTES den Lehm gut durchkneten, bis er weich und geschmeidig, aber nicht matschig ist.

[b] STATT EINES HOLZRAHMENS kann er auch in einfache Eiswürfelformen eingefüllt werden.

[c] NACHDEM wir den Lehm vorsichtig aus der Form gedrückt haben, schneiden wir ihn mit einem Stück Draht in Klötzchen.

[d] WER LÄNGER mit den Bauwerken spielen möchte, lässt den Lehm an einem sonnigen, vor Wasser geschützten Ort trocknen.

[a]

[b]

[c]

[d]

NATURBAUSTOFF

Basteln und spielen mit Lehm

Mit Lehm lässt sich einiges anstellen. Wir können mit ihm basteln, bauen und spielen. Dabei ist das Naturprodukt ein echtes Recyclingprodukt unserer Erde. Aber was ist Lehm überhaupt?

Lehm besteht aus verwitterten Gesteinen in unterschiedlichen Korngrößen: dem feinen Sand, dem mittelgroben Schluff und dem groben Ton. Ist Wasser in der Mischung eingeschlossen, können wir sie gut formen. Trocknet sie, wird sie steinhart. In Verbindung mit Wasser weicht die Masse jedoch erneut auf. Aufgrund dieser Eigenschaft ist Lehm in regenarmen Erdregionen wie Afrika oder Teilen Asiens ein guter und sehr beliebter Baustoff: Denn das verdunstete Wasser hinterlässt Hohlräume, in denen Wärme und Staubteilchen aus der Luft gespeichert werden können.

LEHM FINDEN

Lehmboden kommt häufig an Bachläufen in waldigen Gegenden vor. Er ähnelt Ton. Auch in manchen Gärten finden wir lehmigen Boden vor. Dies lässt sich leicht überprüfen: Einfach ein spatentiefes Loch buddeln und die entnommene Erde mit etwas Wasser vermengen. Gelingt es, die Mischung in der Hand zu einer Rolle zu formen? Herzlichen Glückwunsch, es handelt sich um Lehm! Lässt sich sogar ein Hufeisen formen, so ist es Ton. Tipp: In einem großen Eimer kann Lehm einfach, z. B. im Garten, gelagert werden.

LEHM VERARBEITEN

Im feuchten Zustand ist Lehm ein wunderbares Bastel- und Baumaterial. Wie einen Kuchenteig kneten wir ihn zuerst gut durch. Um zu prüfen, ob er die richtige Festigkeit hat, formen wir eine kleine Lehmkugel und werfen sie gegen ein altes Holzbrett o. Ä. Bleibt sie dort kleben, ist der Lehm noch zu feucht. Dann fügen wir etwas Sand oder Stroh hinzu. Entweder formen wir ihn dann weiter in der Hand oder pressen ihn in

fertige Formen. Er kann auch einfach ausgerollt und dann mit einem Stock oder Messer gewissermaßen ausgeschnitten werden. Am besten trocknet Lehm an einem sonnigen, vor Wasser geschützten Ort.

LEHMIDEEN

Freihändig können wir aus Lehm Figuren, Plastiken, kleine Spielhäuser, Murmeln, Perlen, Lehmwindlichter oder Lehmbilder bzw. Collagen, ja ganze Weihnachtskrippen anfertigen. Mithilfe von Formen entstehen kleine Bauklötze (eckige Eiswürfelformen), Christbaumschmuck (Ausstecherli), Windspiele (mit Ausstecherli oder es wird ein schönes Pflanzenblatt „aufgeklebt" und die Form mit einem Messer ausgeschnitten), Hand- und Fußabdrücke (Lehm wird in Untersetzer gefüllt). Der Naturstoff ist zudem ein hervorragender Füllstoff für Insektennisthilfen (siehe Seite 43). Entweder den Lehm dabei direkt in Ecken und Zwischenräume drücken oder aber Lehmziegel fertigen, in die unterschiedlich große Löcher gebohrt werden. Aus ein paar Holzbrettern dafür eine rechteckige Form zusammenschrauben und den Lehm, vermengt mit etwas Stroh, einfüllen.

DER SCHATZ IM LEHM

In dem Ziegel kann auch ein kleiner Schatz versteckt werden. Dafür einfach feste Gegenstände wie z. B. einen alten Schlüssel, schöne Steine oder alte Geldmünzen in der feuchten Masse versenken und den Ziegel trocknen lassen. Mit einem kleinen Meißel oder einem Schraubendreher den Schatz bergen.

DER BODEN LEBT

Wer tummelt sich da?

Es ist kaum zu glauben: In einem Eimer fruchtbarer Erde stecken mehr Lebewesen als es Menschen gibt. Wie gut! Denn ohne diese fleißigen Arbeiter erginge es uns schlecht.

Die Erdlebewesen zersetzen nicht nur organische Stoffe wie Pflanzenreste und räumen so in Feld, Wald und Wiesen auf. Sie reichern den Boden auch mit Nährstoffen an, indem sie wie der Regenwurm feinkrümelige Erde ausscheiden. Unterirdisch – und nachts auch überirdisch – wird da geraspelt und gemampft was das Zeug hält. Die meisten dieser Lebewesen sind winzig klein. Da ist es gut, dass es so viele von ihnen gibt. Jeder Art fällt dabei eine besondere Aufgabe im Prozess der Bodenzersetzung zu. Einige der fleißigen Arbeiter können wir sogar mit dem bloßen Auge entdecken. Zu ihnen zählen Asseln, Ameisen, einige Käferlarven, Tausendfüßler, einige Spinnenarten und Regenwürmer. Auch Säugetiere wie der Maulwurf und die Wühlmaus leben überwiegend in unterirdischen Gängen. Die meisten Erdbewohner sind aber so winzig klein, dass wir sie nur mithilfe einer Lupe oder eines Mikroskops sehen können. Einige stellen wir auf dieser und der nächsten Doppelseite vor.

Das Kindermagazin Geolino hat in $0,3\,m^3$ (Kubikmeter) Waldboden – das ist eine Fläche von 1 m x 1 m, die 30 cm tief ausgegraben wird – folgende unglaubliche Anzahl an Lebewesen gefunden:

- zweieinhalb Billionen Mikroorganismen wie Bakterien, Pilze, Algen
- eine Million Fadenwürmer
- 100.000 Milben
- 50.000 Springschwänze
- 25.000 Rädertiere
- 10.000 Borstenwürmer
- 100 Käferlarven
- 100 Zweiflüglerlarven
- 80 Regenwürmer
- 50 Schnecken
- 50 Spinnen
- 50 Asseln

Zum Vergleich: Ende 2011 gab es geschätzt gut sieben Milliarden Menschen auf der Welt.

VERSUCH

Lust, selbst einmal auf die Suche nach Erdbewohnern zu gehen? Dann hebt an verschiedenen Stellen z. B. im Garten, auf dem Kompost, im Wald, auf einer Verkehrsinsel oder im Sand eine Schaufel Erdreich aus. Wie viele Tiere finden wir an den einzelnen Fundorten? Je mehr Tiere sich tummeln, desto nährstoffreicher ist die Erde an dem Fundort.

BAKTERIEN
Bacteria

Der Begriff kommt aus dem Griechischen und bedeutet übersetzt *Stäbchen*. Ihren Namen verdanken die Bakterien ihrer wurmartigen Gestalt, die wir allerdings nur unter dem Mikroskop – einer Art wissenschaftlicher Lupe – betrachten können. Denn Bakterien sind winzig klein. Einige von ihnen können uns krank machen, aber die meisten erfüllen wichtige Aufgaben für die Menschen und die gesamte Umwelt. Bodenbakterien sind die größte und bedeutendste Gruppe unter den Zersetzern im Erdreich. Auf einen Esslöffel kommen ca. eine Milliarde von ihnen! Sie leisten die unersetzliche Feinarbeit in der Erde. Mithilfe von sogenannten Enzymen – das sind Eiweiße, die wichtige Reaktionen hervorrufen – zersetzen sie die Pflanzenreste in kleinste chemische Einheiten aus Kohlenwasserstoffen, Wasser und vor allem Mineralsalzen. Erst in dieser Form stehen sie den Pflanzen als Nahrung zur Verfügung.

PILZE
Fungi

Für Biologen bilden Pilze neben Pflanzen und Tieren eine eigenständige Gruppe von Organismen. Neben den Bakterien sind sie die zweitgrößte Gruppe der Bodenzersetzer. Es gibt sehr winzige Pilze, die sich nur unter dem Mikroskop erkennen lassen, und große, wie z. B. Speisepilze. Bestimmte chemische Verbindungen wie Zellulose und Keratin können nur von ihnen zersetzt werden. Nicht zuletzt deshalb haben sie eine unersetzliche Bedeutung bei der Humusbildung. Außerdem gehen die meisten Pflanzen an ihren Wurzeln eine enge Verbindung mit Pilzen ein: Die Pilze binden Stickstoff bei der Zersetzung. Im Tausch gegen den Zucker, den die Pflanzen bei der Fotosynthese gewinnen, geben sie ihn an die Pflanzenwurzeln ab.

KLEINE REGENWURMFORSCHER In ein durchsichtiges Glas mit mindestens 12 cm Durchmesser abwechselnd verschiedene Schichten dunkler Beeterde, Spielsand und Komposterde füllen. Obenauf Grasschnitt und Gemüsereste sowie fünf bis zehn Regenwürmer legen. Das Ganze mit etwas (!) Wasser besprühen, alles mit einem alten Tuch abdecken und das Glas an einen dunklen Ort stellen. Von Zeit zu Zeit nachsprühen. Wie verändert sich die Erde? Nach vier Wochen bedanken wir uns bei den Würmern für beste Muttererde und lassen sie frei.

[1.]

ERDLEBEWESEN
Wer rackert denn da?

Hier geht's weiter mit dem Überblick, wer sich alles in der Erde tummelt. Im Verborgenen sorgen diese Lebewesen nicht nur für Ordnung, sondern auch für einen lockeren, fruchtbaren Boden.

SPRINGSCHWANZ [1.]
Collembola

Arten: Als Insekten gehören sie zur Untergruppe der sogenannten Sechsfüßer.

Merkmale: Wie diese haben sie sechs Beine und einen dreigeteilten Körperaufbau, allerdings weniger Körpersegmente – oder Ringe – und andersartige Augen. Namensgebend ist ihr Hinterteil, mit dessen Hilfe sie ein Vielfaches ihrer Körperlänge weit springen können.

Lebensweise: Im Erdreich lebende Springschwänze haben eine weißliche Körperfarbe und werden etwa 1 bis 5 mm lang. Sie sind daher gut mit einer Lupe zu erkennen. Wir können sie bis zu einer Tiefe von 10 cm, also etwa einer Kinderhand, finden. Die meisten sind Allesfresser und ernähren sich von Pflanzenresten, Ausscheidungen und Aas.

Wissenswertes: Springschwänze gehören mit zu den ältesten Lebewesen der Welt. Der älteste Fossilfund ist 400 Millionen Jahre alt! Einige Arten können giftige Schwermetalle neutralisieren.

[2.]

ASSEL [2.]
Isopoda

Arten: Ein sogenannter Gliederfüßer aus der Gruppe der Krebstiere.

Merkmale: Die Kellerassel misst um die 1,5 cm und ist deshalb schon mit bloßem Auge zu erkennen. Sie hat einen starren Außenpanzer aus Chitin, sieben Beinpaare und stammt ursprünglich aus dem Meer.

Lebensweise: Sie atmet noch heute größtenteils über Kiemen und liebt es feucht und dunkel. Daher ist sie meist nachtaktiv. Tagsüber zieht sie sich z. B. unter Steine zurück. Die Kellerassel ist ein gefräßiger Pflanzenfresser und liefert flach grabenden Regenwürmern Nahrung. Sie leistet auf dem Kompost vor allem in der oberen Streuschicht Schwerstarbeit. Mit dem kräftigen Mundwerkzeug, den Mandibeln, knabbert sie auch lebende Blätter und Wurzeln an.

TAUSENDFÜSSLER [3.]
Myriapoda

Arten: Wie die Assel stammt der Tausendfüßler aus der Untergruppe der Gliederfüßer bei den Krebstieren.

Merkmale: Es gibt sehr viele Arten, alle haben jedoch deutlich weniger als 1000 Füße. Viele haben eine sehr kräftige Kopf- und Nackenpartie und können sich so wie kleine Bulldozer in die Erde rammen. Die bedeutende Untergruppe bilden die Doppelfüßer, bei denen jeweils zwei Körperringe (Segmente genannt) miteinander verwachsen sind.

[3.]

Wissenswertes: Von großer Bedeutung bei der Komposttrotte, weil er fast ausschließlich Pflanzenreste frisst. Zum Bilden des Chitinpanzers benötigt er viel Kalk, seine Abwesenheit ist ein Hinweis auf Kalkmangel. Die Doppelfüßer gehören zu den wichtigsten Zersetzern im Boden, die sehr grobe Pflanzenreste für die Weiterverarbeitung z. B. durch Bakterien und Pilze vorbereiten.

REGENWURM [4.]
Lumbricidae

Arten: Zählt zur Klasse der Gürtelwürmer.
Merkmale: Der Wurm setzt sich aus zahlreichen Einzelsegmenten bzw. Ringen zusammen. In Deutschland leben z. Zt. 39 verschiedene Arten. Die größte erreicht eine Körperlänge von bis zu 30 cm.
Lebensweise: Die fleißigen Würmer haben einen vielfältigen Nutzen. So graben sie auf der Nahrungssuche senkrechte Gänge in die Erde und lockern sie für die Pflanzenwurzeln, die nun besser mit Wasser, Nährstoffen und Sauerstoff versorgt werden. Außerdem zersetzen sie Pflanzenreste und scheiden sie als nährstoffreichen Humus wieder aus (siehe Seite 93). Regenwurm-kacka ist also beste Muttererde! Pflanzenteile ziehen sie überwiegend nachts und bei Regenwetter ins dunkle, kühle Erdreich und verspeisen sie hier. Wer einen Regenwurm ausgräbt, kann ihm mit etwas Glück bei seinem Geschäft zu sehen.
Wissenswertes: Wie Schnecken sind Regenwürmer Zwitter, d.h. sie sind zugleich männlich und weiblich. Sie paaren sich im Frühjahr und Herbst, indem sie sich ganz dicht zusammenlegen und die Samen austauschen. Am Ende legt jeder Wurm einen Kokon in der Erde ab, in dem sich meist eine befruchtete Eizelle befindet. Später schlüpft hier der kleine Babywurm heraus.

MAULWURF [5.]
Talpa europaea

Arten: Gehört zur Familie der Säugetiere und dort zur Untergruppe der Insektenfresser. In Mitteleuropa ist er ihr einziger Vertreter.
Entwicklung: Die Einzelgänger finden sich in der Paarungszeit im Frühling zusammen. Nach etwa vier Wochen Tragezeit gebärt das Weibchen durchschnittlich drei bis vier Junge. Maulwürfe werden maximal fünf Jahre alt, sterben aber oft wesentlich eher. Sie werden z. B. von Greifvögeln, Störchen, Mardern und Katzen erbeutet.
Lebensweise: Die Gänge von Maulwürfen sind längsoval und liegen genau mittig unter dem eher kugeligen, hohen Erdhaufen. Mit ihren breiten Grabhänden schaufeln sie sich ein weit vernetztes Gangsystem in höchstens 1 m Tiefe. Sobald sie Nahrung wittern, durchlaufen sie ihr etwa 2000 m^2 großes Revier. Neben aus menschlicher Sicht schädlichen Bodeninsekten ernähren sie sich vor allem im Winter auch von Regenwürmern. Dazu müssen sie täglich mindestens das Doppelte ihres Körpergewichtes fressen! Das Vorhandensein von Maulwürfen weist also auf ein reges Bodenleben hin. Bereits nach zwölf Stunden ohne Nahrungsaufnahme können sie aus Entkräftung sterben.
Wissenswertes: Im Unterschied zur Wühlmaus wird der Maulwurf durch die Bundesartenschutzverordnung geschützt: Er darf aus Gärten zwar durch die Verbreitung unangenehmer Gerüche vertrieben, nicht jedoch gefangen oder gar getötet werden.

Andere: Fadenwürmer (auch Nematoden genannt), Einzeller wie Trompeten- und Pantoffeltierchen, einige Schmetterlingslarven, Milben, Glockentierchen, einige Spinnenarten wie der Pseudo- oder Afterskorpion, einige Krebsarten.

Tiere, die ihren Bau in der Erde haben:
Erdhummel [→6], Fuchs (siehe Seite 102), verschiedene Mausarten, Dachs (siehe Seite 103).

[4.]

[5.]

[6.]

[a]

DAS IST
wirklich
WICHTIG

[a] **ALS ERSTES** suchen wir viele möglichst platte Steine und einen trapezförmigen Schlussstein. Als Hilfskonstruktion einen Sand- oder Steinhaufen aufschaufeln. Dann von beiden Seiten die Steine aufstapeln.

[b] **ZUM SCHEITELPUNKT** hin lassen wir die Steine kleiner werden. Als Letztes setzen wir sehr vorsichtig den trapezförmigen Schlussstein ein.

[c] **UNTER DEM GESCHLOSSENEN BOGEN** entfernen wir langsam die Hilfskonstruktion.

[b]

AUF DEN SCHLUSSSTEIN KOMMT ES AN. DER BOGEN HÄLT.

[c]

SPIELEN MIT STEINEN

Einen Steinbogen bauen

Steine sind wunderbare Werkstoffe. Keiner gleicht vollkommen dem anderen. Jeder hat seine eigene Geschichte, die wir anhand der Farbe und Form ablesen können. Auch der Fundort verrät einiges.

Die ältesten datierten Steine sind über vier Milliarden Jahre alt. Aus ihnen fertigten die Menschen die ersten Werkzeuge und die ersten festen Behausungen. Wissenschaftler, die sich mit der Zusammensetzung und Struktur der Erde beschäftigen, sprechen von Gesteinen. Sie bestehen vor allem aus mineralischer Masse, die sich im Laufe von Jahrtausenden verfestigt hat.

Obwohl Gesteine unverwüstlich und ewiglich erscheinen, verändern sie sich durchaus. Dringt z. B. Wasser durch kleine Poren und Spalten in sie ein, können sie bei Frost zerspringen. Oder die Steine werden durch Meerwasser und Reibung mit anderen Steinen und Sand geglättet. Bei ihrer Verwitterung werden die Mineralien wieder freigesetzt und stehen der Pflanzenwelt als Nährstoffe zur Verfügung.

Je nach Entstehung und Zusammensetzung unterscheidet sich Farbe, Form und Dichte der Steine. Geologen unterscheiden Gesteine daher in drei Hauptgruppen:

Magmatite: Steine vulkanischen Ursprungs. Sie entstehen durch das Erkalten und Auskristallisieren von Magma. Diese heiße Gesteinsmasse aus dem Erdinneren kann sowohl überirdisch nach Vulkanausbrüchen als auch unter der Erde erkalten und erstarren. Beispiele: Basalt (überirdisch erkaltet) und Granit (unterirdisch erkaltet).

Metamorphite: Umgewandelte Steine. Ältere Gesteinsmassen werden im Erdinneren unter hohem Druck und hoher Temperatur zu neuen Gesteinen umgewandelt. Beispiele: Aus Kalkstein wird Marmor, aus Ton Schiefer.

Sedimentite: Steine aus Ablagerungen. Entstehen durch die Ablagerung von unterschiedlichen Materialien an Land und Wasser. Dabei kann es sich sowohl um Gesteine handeln, als auch um pflanzliche und tierische Stoffe. Sie werden unter hohem Druck zu Gesteinen verfestigt. Typisch sind daher gut erkennbare, waagerecht verlaufende Schichtungen. Beispiele: Sandstein, Kalkstein und Kalksandstein.

STEINFORSCHER

Alleine durch Betrachten und Befühlen lässt sich viel über die Entstehung und die Geschichte eines Steines feststellen.

- Welche Form und Farbe hat der Stein? Rund oder eher kantig? Hell oder dunkel? Farbig oder schwarz-weiß? Hier erhalten wir Hinweise, aus welchem Material der Stein besteht.
- Wie fühlt er sich an? Glatt oder rau, leicht oder schwer? Eine glatte Oberfläche weist auf eine Reise hin, bei der die Oberfläche glattgespült wurde. Das Gewicht verrät etwas über Druck und Temperatur bei der Entstehung.
- Wie verhält er sich im Wasser? Poröse Steine mit kleinen Luftlöchern sind leichter, sinken daher langsam. Stark gepresste Steine sind schwerer. Da sie unter hohem Druck entstanden sind, verändern sie kaum ihre Farbe. Poröse werden deutlich dunkler, da Wasser eindringt.

STEINMÄNNCHEN BAUEN: In steinigen Gegenden wie z. B. Gebirgen oder am Meer können wir einfache Türme aus gestapelten Steinen bauen. Mit großen Steinen starten und dann zur Spitze kleiner werden. Wer baut so den höchsten Turm? In den Bergen dienen solche Türme den Menschen übrigens seit Jahrtausenden als Wegmarkierung.

[1.]

[2.]

[3.]

SPEISEPILZE

Gezielt sammeln

Wie bei Eisbergen befindet sich der Großteil von Pilzen unter der Oberfläche. Ihr Wurzelgeflecht im Boden überdauert das ganze Jahr. Den sichtbaren Hut tragen sie meist nur im Herbst.

STEINPILZ [1.]
Boletus edulis
Schon seit der Antike einer der beliebtesten Speisepilze überhaupt.
Aussehen: Röhrenpilz. Stämmiger Stiel, Hut hell bis dunkelbraun und bis 30 cm Hutdurchmesser.
Zeit: Juli bis November.
Standort: Typischer Waldpilz. Sowohl in Laub- als auch in Nadelwäldern zu finden. Bevorzugt sauren Boden.
Baumfreund: Wächst häufig unter Buchen und Fichten.
Verwechslungsgefahr: Mit dem ungenießbaren Gallenröhrling. Der hat jedoch im Unterschied zum Steinpilz rosa Röhren, eine ausgeprägte netzartige Struktur am Stil und wird nicht ganz so groß (bis 15 cm Hutdurchmesser).
Besondere Kennzeichen: Festes Fleisch, das sich bei Druck nicht verfärbt.

MARONENRÖHRLING [2.]
Xerocomus badius
Ebenfalls sehr schmackhaft. Im Unterschied zum Steinpilz eher weiches Fleisch.
Aussehen: Röhrenpilz. Kastanienbrauner Hut, bis 15 cm Hutdurchmesser. Röhren gelb bis grünlich. Bräunlicher Stiel ohne Netzstruktur, aber mit senkrechten Riffeln.
Zeit: Juli bis November.

Standort: Vor allem in Nadelwäldern, seltener in Laubwäldern. Bevorzugt sauren, sandigen Boden.
Baumfreund: Wächst häufig unter Kiefern.
Verwechslungsgefahr: Wird manchmal mit dem Steinpilz verwechselt.
Besondere Kennzeichen: Schwammige Hutunterseite wird auf Druck rasch blau. Stielfleisch läuft langsamer blau an.

ECHTER PFIFFERLING [3.]
Cantharellus cibarius
Auch Eierschwamm genannt. Köstlicher Speisepilz, dessen Bestand leider rückläufig ist.
Aussehen: Insgesamt gelb bis ockerfarben. Hut bis 12 cm Hutdurchmesser. Adrig verzweigte Leisten an der Unterseite.
Zeit: Juni bis November.
Standort: In Laub- und Nadelwäldern, dort gerne im Moos.
Baumfreund: Eiche, Buche, Kiefer und Fichte.
Verwechslungsgefahr: Falscher Pfifferling, ist nicht so schmackhaft und hat weicheres Fleisch.
Besondere Kennzeichen: Bei älteren Pilzen wölben sich die Hüte trichterförmig.

GEMEINER BIRKENPILZ [4.]

Leccinum scabrum

Wird auch Birkenröhrling, Kapuziner- oder Geißpilz genannt.

Aussehen: Röhrenpilz, langer, weißer Stiel mit schwärzlichen Schuppen, grau bis dunkelbrauner Hut bis 15 cm Hutdurchmesser.
Zeit: Juni bis Oktober.
Baumfreund: Wächst fast ausschließlich unter Birken.
Verwechslungsgefahr: Es gibt verschiedene Birkenpilzarten.
Besondere Kennzeichen: Fleisch wird bei Regenwetter schwammig weich.

GOLD-RÖHRLING [5.]

Suillus grevillei

Wächst häufig gesellig.

Aussehen: Röhrenpilz. Gelber bis orangefarbener Hut bis 15 cm Hutdurchmesser und eher bräunlicher Stiel.
Zeit: Juli bis Oktober.
Baumfreund: Wächst unter Lärchen, mit denen er eine enge Verbindung eingeht.
Verwechslungsgefahr: Mit dem Butterpilz, der eher unter Kiefern wächst und der nach neuesten Erkenntnissen nicht gegessen werden sollte.
Besondere Kennzeichen: Hat eine klebrige bis schmierige Huthaut. Auf Druck werden die Röhren bräunlich.

ESPEN-ROTKAPPE [6.]

Leccinum rufum

Wird auch Weißstielige Rotkappe genannt.

Aussehen: Röhrling. Hellbrauner Hut bis 20 cm Hutdurchmesser. Weißer, langer Stiel.

Zeit: Juni bis Oktober.
Baumfreund: Wächst immer unter Espen bzw. Zitterpappeln.
Verwechslungsgefahr: Mit Birkenpilz und anderen Rotkappen, alle jedoch unbedenklich im Verzehr.
Besondere Kennzeichen: Röhren verfärben sich auf Druck schwärzlich.

SCHOPFTINTLING

Coprinus comatus

Außergewöhnlich! Zersetzt sich selbst und zerläuft zu Tinte. Zum Kochen daher nur sehr schmackhafte junge Exemplare ernten.

Aussehen: Stämmiger Stiel mit länglichem, aufrechtem Hut in Weiß mit zunehmend dunkelviolettem Rand.
Zeit: April bis November.
Standort: Auf Wiesen und an Wald und Wegrändern.
Verwechslungsgefahr: Mit ebenfalls genießbarem Faltentintling. Beide nicht mit Alkohol kochen oder verzehren.
Besondere Kennzeichnen: Zur Tintenherstellung den Pilz einfach in ein Marmeladenglas legen und ein bis zwei Tage warten, fertig ist die Tinte mit langer Farbkraft.

Gewusst? Pilze gehören weder zu den Pflanzen noch zu den Tieren, sondern bilden eine eigenständige Gruppe der Lebewesen. Denn anders als Pflanzen besitzen Pilze kein Blattgrün und können deshalb auch nicht eigenständig Zucker herstellen. Ähnlich wie Pflanzen nehmen sie allerdings Nährstoffe über ihr Wurzelgeflecht, Myzel genannt, auf.

TIPP: Pilzsammler rüsten sich mit einem Messer und einem Korb aus. Da es viele weit verbreitete, ungenießbare oder sogar giftige Pilze gibt, lohnt die Anschaffung eines neuen Bestimmungsbuchs. Galten manche Arten wie der Butterpilz bis vor einiger Zeit als essbar, wird heute vom Verzehr abgeraten. Empfehlenswert ist auch, mit den Funden spezielle Beratungsstellen aufzusuchen, die es vielerorts gibt. Da viele Arten durch Umwelteinflüsse usw. seltener werden, sollten immer nur kleine Mengen für den sofortigen Verzehr gesammelt werden. Dies ist auch aus gesundheitlichen Gründen absolut ratsam.

[4.]

[5.]

[6.]

DAS IST *wirklich* WICHTIG

[a] SIEGEL von Blättern etc. säubern. Wer möchte, legt noch einen Kartonstreifen ringförmig um den Abdruck.

[b] DIE ANGERÜHRTE GIPSMASSE langsam einfüllen, sodass sich keine Luftblasen bilden.

[c] NACH ETWA 20 MINUTEN den Abdruck mithilfe des Spachtels herausheben. Noch einige Stunden aushärten lassen.

[d] DEN FERTIGEN ABDRUCK mit einem Pinsel säubern und mit Fundort, Datum und Tierart beschriften. Um ein Positiv von diesem Negativ zu erstellen, Gipsform mit Vaseline einfetten und erneut in Gips eingießen.

SPUREN LESEN

Ein Trittsiegel gießen

Spur, Fährte oder Geläuf – all dies sind Namen der Fußabdrücke verschiedener Tierarten. Dem geschulten Auge verraten sie einiges über ihre Erzeuger. Wir machen sie haltbar und fertigen davon einen Gipsabdruck.

So können wir die Fußstempel mitnehmen und später eingehend untersuchen. Fachleute nennen die Tierfußabdrücke Trittsiegel. Wir finden sie z. B. im Matsch, Schlick, Sand oder Schnee. Da viele unserer Tiere in der Dämmerung und Nacht aktiv sind, ist es besonders spannend, am Tag nach ihren Lebenszeichen zu suchen. Und dies können nicht nur Fußabdrücke sein.

WEITERE HINWEISE SIND
• **Fraßspuren** wie angefressene Zapfen, Nüsse, Pflanzen
• **Kotspuren**, von Jägern Losung genannt
• **Ruheplatz und Brutstätte** wie Vogelnest, Mulde, Kobel, Baumhöhle, Erdbau
• **Tierwege wie Wechsel und Pässe.** So nutzen Rehe, Hirsche und Wildschweine gerne bestimmte Pfade (Wechsel), um ihre Ruhelager oder Wasserstellen zu erreichen. Auch Dachs, Fuchs und Co haben ihre eigenen Wege (Pässe).
• **Gewölle.** Werden auch Speiballen genannt. Dabei handelt es sich um die von Raubvögeln ausgewürgten Überreste der Beutetiere.
• **Federn, Fell, Krallen, Knochen** und andere tierische Überbleibsel

TRITTSIEGELFALLE BAUEN
Noch kein Glück bei der Suche nach den Fußspuren gehabt? Dann hilft hoffentlich diese vollkommen ungefährliche Falle. An einer Stelle, an der häufig Tiere passieren, wie z. B. am Waldrand, feuchten Lehm ausbreiten und morgens kontrollieren.

WER HAT HIER GENASCHT?
Auf dem Waldboden finden wir häufig angenagte Fichtenzapfen. Anhand der Fraßspuren können wir erkennen, wer die Blütenstände der Nadelbäume verspeist hat. Viele Tiere wollen vor allem die leckeren Samen unter den Schuppen vernaschen. Dazu müssen die Schuppen erst einmal entfernt werden. Jedes Tier hat dabei eine besondere Technik. Das Eichhörnchen setzt sich aufrecht hin und hält den Zapfen zwischen den Vorderpfoten. Daher bleibt nach Ende der Mahlzeit ein kleiner Schuppenrest des Zapfens stehen. Der Zapfenstumpf sieht dann recht zerfasert und zerfranst aus. Tipp: Neben Bäumen und Baumstümpfen nach angenagten Zapfen suchen, da Eichhörnchen gerne auf einem erhöhten Platz speisen, um den Überblick zu behalten. Der Buntspecht hingegen beherrscht einen anderen Trick, um die Zapfen festzuhalten. Er klemmt sie aufrecht in Risse im Baumstamm ein. Spechtschmiede nennt man das. Dann zieht er mit seinem Schnabel die Schuppen aus dem Zapfen. Diese sehen danach unordentlich gerupft aus. Im Gegensatz zum Eichhörnchen arbeitet er eher von oben nach unten. Waldmäuse gehen noch anders vor, um an die begehrten Samen zu gelangen. Sie nagen die Schuppen fein säuberlich von unten nach oben von den Zapfen. Damit sie ungestört bleiben, verstecken sie sich dazu. Auch bei ihnen bleibt wie beim Eichhörnchen ein kleiner Schopf oben stehen.

HINWEIS: Tierfreunde verlassen bei ihrer Spurensuche möglichst nicht die Pfade und achten das Ruhebedürfnis der Tiere.

[1.]

TIERSPUREN
Wer war das?

Die hier vorgestellten Tiere leben keineswegs alle auf dem Boden. Dennoch hinterlassen sie Spuren. Wer aufmerksam und an den richtigen Stellen sucht, wird sicher fündig.

FELDHASE [1.]
Lepus europaeus
Arten: Säugetier.
Lebensweise: Bewohner von Feld und Wiese, aber auch am Waldrand zu finden. Überwiegend dämmerungs- und nachtaktiv. Ruht tagsüber in flachen Schlafmulden, Sasse genannt. Bestand gefährdet.
Losung: Kleine, rundliche und leicht zusammengedrückte Kotpillen. Häufig in der Nähe von Futterplätzen und Sassen.
Spur: Setzen beim Hoppeln ihre langen Hinterläufe vor die Vorderfüße. Können mit den Spuren des kleineren Wildkaninchens verwechselt werden. Beim Hasen Abstand zwischen den Spuren 1 bis 3 m.

WALDMAUS [2.]
Apodemus sylvaticus
Arten: Säugetier.
Lebensweise: Neben Wäldern auch in allen anderen Gebieten mit Baumbestand anzutreffen. Ebenfalls dämmerungs- und nachtaktiv. Guter Springer und Kletterer.
Fraßspuren: Neben Fichtenzapfen hinterlässt sie auch aufgenagte Haselnüsse. Die Schale hat eine fast kreisförmige Öffnung. Die Mäuse nagen sie mit ihren unteren Schneidezähnen auf, um an die Nuss zu gelangen (siehe Tipp Seite 57).

Spur: Bewegt sich meist springend vorwärts. Setzt daher ähnlich wie der Hase, die Hinter- vor die Vorderpfoten. Charakteristisch ist die Schleifspur, die der Schwanz im Schnee hinterlässt.

ROTFUCHS [3.]
Vulpes vulpes
Arten: Allesfressendes Säugetier.
Lebensweise: Sehr verbreitet. Auch in Städten auf dem Vormarsch. Dämmerungs- und nachtaktiv.
Losung: Langgestreckt und an einem Ende spitz auslaufend. Wird häufig zum Markieren des Reviers auf erhabene Punkte wie Baumstümpfe oder Steine gesetzt (siehe Tipp Seite 57).
Spur: Hier sind die Ballen mit vier langen spitzen Krallen gut erkennbar. Er ist ein sogenannter Zehengänger. Im Trab schnürt er, d. h. er setzt seine Füße genau in einer Linie. Beim ausgewachsenen Rotfuchs ist ein Abdruck etwa 5 cm lang, beim ähnlichen Hundeabdruck zwischen 4 und 10 cm. Mit einem Trick lassen sich beide leicht voneinander unterscheiden: Zieht man eine waagerechte Linie zwischen der Oberkante der beiden mittleren Zehenballen, schneidet sie beim Fuchs nicht die oberen Zehenballen.

[2.]

[3.]

EUROPÄISCHER DACHS [4.]
Meles meles
Arten: Allesfressendes Säugetier.
Lebensweise: Weit verbreitet, vor allem in Gebieten mit vielfachem Wechsel von Wald und Feld. Dämmerungs- und nachtaktiv.
Losung: Setzt den Kot in eigens mit den sehr kräftigen Vorderpfoten gegrabene, etwa faustgroße Löcher, Dachsabtritt genannt. Diese liegen in der Nähe der Zugänge ihrer unterirdischen Bauten.
Spur: Sohlengänger. Sie haben einen kräftigen hinteren Ballen und an den fünf Zehen lange Krallen. Typisch sind die fast ineinandergesetzten Trittsiegel von Vorder- und Hinterfüßen, die eine zickzackförmige Spur bilden.

EICHELHÄHER [5.]
Garrulus glandarius
Arten: Allesfressender Rabenvogel.
Lebensweise: Verbleibt auch überwiegend im Winter bei uns. Vergräbt, ähnlich wie das Eichhörnchen, Eicheln und Nüsse als Nahrungsvorrat für den Winter. Mit dem Schnabel treibt er sie in die Erde und bedeckt sie danach grob. Dies geschieht bevorzugt an Waldrändern und Lichtungen.
Gewölle: Auch Speiballen genannt. Dies sind die ausgewürgten, unverdaulichen Reste von Beutetieren wie Chitinpanzer von Insekten und Knochen oder Haare von Mäusen.
Spur: Besonders schön können wir die Abdrücke im Schnee sehen. Vielleicht findet sogar jemand Trittsiegel von Eichelhähern, die ihre Vorräte ausgebuddelt haben? Das kleine Foto zeigt einen Eichelhäher, der eine Eichel öffnet.

WILDSCHWEIN [6.]
Sus scrofa
Arten: Allesfressendes Säugetier. Gehört wie Reh und Hirsch zur Gruppe der Paarhufer, auch Klauentiere genannt.
Lebensweise: Weit verbreitet. Lebt hauptsächlich in Laub- und Mischwäldern im Familienverband, der sogenannten Rotte. Tag- und nachtaktiv. Besonders wasserlieb und trotz massigem Körperbau ein guter Schwimmer!
Wildschweine hinterlassen vielfältige Spuren in Wald und Flur. Auf der Suche nach Essbarem wie Wurzeln, Würmern, Mäusen und Insekten reißen sie mit der kräftigen Schnauze den Boden förmlich auf. Typisch sind auch ausgedehnte Schlammbäder. Bei der sogenannten Suhle wälzen sie sich ausgiebig im Matsch, den sie auf der Haut trocknen lassen. Bei hohen Temperaturen dient dies der Abkühlung. Gleichzeitig schützen sie sich mit der Schlammschicht vor Insektenstichen und Parasiten. Später wird der getrocknete Schlamm an sogenannten Mahlbäumen wieder abgeschubbert. Die Bäume sind an den Schlammstellen im unteren Bereich leicht erkennbar, zum Teil sind sie sogar entrindet. Die Ruheplätze der Wildschweine liegen meist versteckter. Die sogenannten Kessel erinnern an übergroße Vogelnester auf dem Waldboden.
Spur: Die Besonderheit bei diesem Trittsiegel ist das sogenannte Geäfter. Hinter den vorderen Trittschalen (Klauen) befinden sich zwei weitere kleinere Schalen. Sie heißen auch Afterschalen und sind deutlich im Abdruck erkennbar.

[4.]

[5.]

[6.]

JE NACHDEM, in welcher Geschwindigkeit sich die Tiere bewegen, unterscheiden sich die hinterlassenen Trittsiegel zum Teil erheblich. Spuren im gemächlichen Trott werden ziehend, schnelle fliehend genannt.

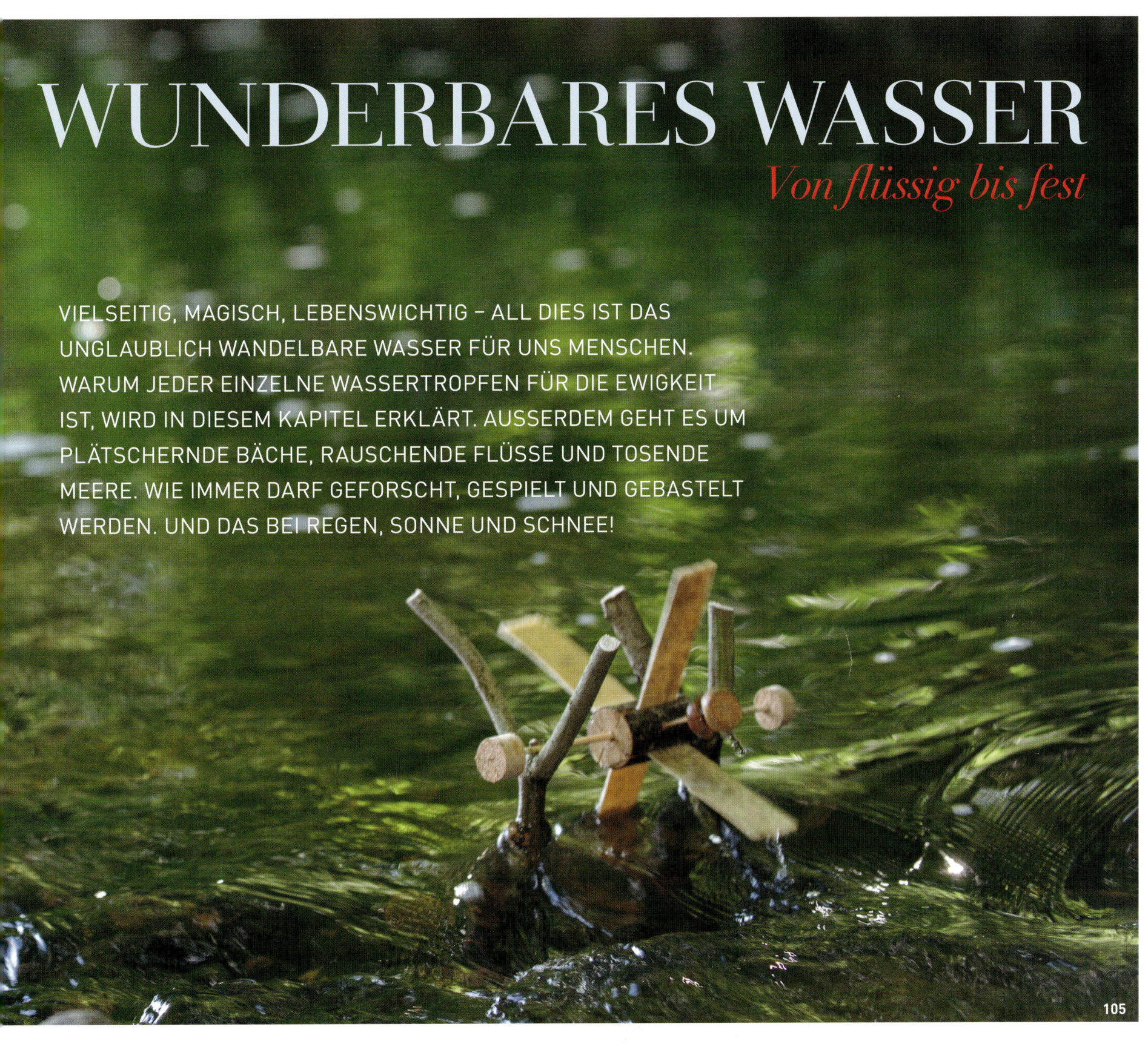

WUNDERBARES WASSER

Von flüssig bis fest

VIELSEITIG, MAGISCH, LEBENSWICHTIG – ALL DIES IST DAS
UNGLAUBLICH WANDELBARE WASSER FÜR UNS MENSCHEN.
WARUM JEDER EINZELNE WASSERTROPFEN FÜR DIE EWIGKEIT
IST, WIRD IN DIESEM KAPITEL ERKLÄRT. AUSSERDEM GEHT ES UM
PLÄTSCHERNDE BÄCHE, RAUSCHENDE FLÜSSE UND TOSENDE
MEERE. WIE IMMER DARF GEFORSCHT, GESPIELT UND GEBASTELT
WERDEN. UND DAS BEI REGEN, SONNE UND SCHNEE!

DAS IST
wirklich
WICHTIG

[a] DEN BODEN einer Büchse mit dem Dosenöffner entfernen. Mit der Schere ein passendes Stück von der Plastikfolie ausschneiden und mit dem Gummiband befestigen.

[b] DIE FOLIE über den Dosenrand spannen und mit Gummiband befestigen. Sieht super aus, oder?

[c] HALTEN WIR DIE DOSENLUPE ins Wasser, wölbt sich die Folie leicht nach innen. Wie bei einem Vergrößerungsglas brechen die Lichtstrahlen an der Oberfläche und zeigen ein vergrößertes Bild von der Unterwasserwelt.

[a]

[b]

[c]

EINEN BACH ERFORSCHEN
Eine Dosenlupe bauen

Wer ein Gewässer genauer untersuchen möchte, baut sich mit einfachen Mitteln schwuppdiwupp dieses geniale Vergrößerungsglas. Mal sehen, was es nun alles zu entdecken gibt.

WIE GEHT ES UNSEREM BACH?
Die einfachste Methode, ein fließendes Gewässer zu beurteilen, ist seine genaue Betrachtung. Hinweise auf eine gute Wasserqualität sind ein natürlicher Wasserlauf, der sich in sanften Kurven durch die Landschaft schlängelt, unbefestigte Uferhänge und klares Wasser mit Steinen, Wurzeln und Totholz.
Genauer können wir die Wasserqualität bestimmen, wenn wir feststellen, welche Tierarten im Bach vorkommen. Denn seine Bewohner unterscheiden sich je nach Zustand des Wassers erheblich.

Wir brauchen
• einen Eimer oder ein anderes größeres Gefäß
• leere Joghurtbecher oder Eisschalen
• einen Kescher, ein altes Sieb o. Ä.
• eine Lupe
• einen Pinsel
• ein Bestimmungsbuch für den Bach
• einen Notizblock mit Bleistift
• passende Kleidung: Gummistiefel, alte oder kurze Hose, trockene Wechselkleider

WASSERQUALITÄT BESTIMMEN
Die meisten Tiere im Bach halten sich versteckt. So schützen sie sich z. B. davor, von anderen gefressen oder fortgeschwemmt zu werden. Mit einigen Tricks lassen sie sich jedoch leicht entdecken. Mit Kescher und Eimer geht es in den Bach. Als Erstes suchen wir unter Steinen, Ästen, Wurzeln u. Ä. im Uferbereich. Sie sind ein beliebter Aufenthaltsort. Wir halten den Kescher in Strömungsrichtung vor einen Stein und heben ihn an. So werden die Tierchen, die beim Anheben fortgeschwemmt wurden, gleich eingefangen. Den Stein legen wir in den mit etwas Bachwasser gefüllten Eimer. Dann füllen wir einen Becher mit etwas Sand vom Bodengrund unter dem Stein. Wieder halten wir den Kescher dabei in Strömungsrichtung. Nun wühlen wir noch etwas vorsichtig im Bodengrund. Vielleicht entdecken wir so einige vergrabene Bachbewohner. Auch Laub und Wasserpflanzen sind beliebte Verstecke, die wir mit dem Kescher vorsichtig absuchen können. An Land untersuchen wir schließlich unsere Funde. Mit dem Pinsel werden kleine, empfindliche Bewohner von Steinen und Pflanzen vorsichtig abgestreift. Mit Lupe und Bestimmungsbuch können wir nun versuchen, die Tierchen zu identifizieren. (Einen kleinen Überblick zu typischen Bachbewohnern gibt es in diesem Buch auf Seite 116.) Unsere Beobachtungen können wir in Wort und Bild festhalten. Am Ende werden alle Tierchen und Fundstücke wieder in den Bach gegeben.

TIPP: Bäche sind eine beliebte Brutstätte von Mücken. Deshalb lohnt es, sich mit entsprechenden Mitteln oder passender Kleidung vor übermäßigen Stichen zu schützen!

WUNDER WASSER

Wandelbarer Lebensspender

Die Wissenschaft vom Wasser, die Hydrologie, ist noch jung.
Dabei ist Wasser nicht nur der Ursprung allen Lebens, sondern auch
Voraussetzung dafür, dass Leben überhaupt entstehen kann.

Eine Eigenschaft ist dabei besonders wichtig: Wasser ist unglaublich wandelbar. Tatsächlich ist es der einzige Stoff, der in der Natur sowohl als Festkörper, als Flüssigkeit oder als Gas auftreten kann. Und der noch dazu seit Urzeiten im Umlauf ist. Denn Wasser entsteht keinesfalls neu, es ändert nur seine Erscheinung.

DER EWIGE KREISLAUF

Welche Gestalt Wasser annimmt, hängt von der Umgebungstemperatur ab. Unter 0 °C gefriert es zu Eis. Bis 99 °C tritt es als Flüssigkeit auf und ab 100 °C wird es zu Wasserdampf. Auf diese Weise geht auf der Erde nicht ein einziger Tropfen Wasser verloren. Er verändert seit Urzeiten nur seine Form: Die Sonne erwärmt Meere und Land. Dabei verdunstet Wasser und steigt als Wasserdampf in den Himmel auf. Hier kühlt der Wasserdampf ab und bildet Wolken. Als Regen fällt das Wasser wieder auf die Erde hinunter. Ein Teil versickert im Boden bis zum Grundwasser. Das Wasser sammelt sich und tritt hier und dort in Quellen wieder an die Oberfläche. In Bächen und Flüssen fließt es zum Meer zurück. Deshalb ist es wichtig, dass wir möglichst wenig Bodenoberflächen versiegeln. Außerdem sollte Trinkwasser sparsam verwendet und so wenig wie möglich mit Putzmitteln und anderen Chemikalien verschmutzt werden. Denn jeder Tropfen Wasser ist für die Ewigkeit.

SÜSS ODER SALZIG?

Der größte Anteil des Wassers findet sich als Salzwasser in den Meeren. Das trinkbare Süßwasser ist dagegen sehr viel seltener. Es kommt als Regen aus den Wolken auf die Erde herab, fließt in Bächen, Flüssen und Seen oder ist als Grundwasser im Boden gespeichert sowie als Eis an den Polkappen unserer Erde. Doch all diese Süßwasserquellen ergeben nicht einmal 3 % des gesamten Wasservorkommens! Das lebenswichtige Trinkwasser ist gerade in vielen trockenen Teilen unserer Erde knapp. Ein wichtiger Grund, es zu schützen, wo immer wir können!

WASSER IM MEER

Schauen wir uns eine Weltkarte an, ist es unverkennbar: Der Großteil unseres Planeten ist von Meerwasser bedeckt. Über 70 % der Erdoberfläche macht es aus. Das Meer stellt nicht nur seit Urzeiten eine wichtige Nahrungsquelle dar, sondern sorgt über die Meeresflora für etwa 70 % des Sauerstoffs auf unserem Planeten. Allgemein bezeichnen wir Gewässer als Meere, wenn sie Kontinente umschließen. Neben den fünf Ozeanen – Atlantischer, Indischer, Pazifischer, Arktischer und Antarktischer – zählen noch die Nebenmeere wie Mittelmeer, Nord- und Ostsee

dazu. Sie alle stehen unter dem Einfluss der Gezeitenkräfte. Je nachdem, wie die Erde durch ihre Drehung zum Mond steht, läuft das Meerwasser vom Land weg oder zu ihm hin. Anlandiges Wasser heißt Flut, ablandiges Ebbe. Beides zusammen sind die Gezeiten oder die Tide. Den freigelegten Meeresboden nennen wir Watt.

WASSER AN LAND

Neben den Meeren unterscheiden Hydrologen, also Wasserforscher, zwei Arten von Gewässern: Fließgewässer und stehende Gewässer. Bäche und Flüsse zählen zu den Fließgewässern. Wie der Name schon andeutet, fließen sie in eine bestimmte Richtung. Weiher, Tümpel, Teiche und Seen zählen hingegen zu den stehenden Gewässern. Wir nennen sie auch Binnengewässer. Sie werden vor allem nach ihrer Größe und Tiefe unterschieden. Der Zustand beider Gewässerarten wird auf unterschiedliche Weise bestimmt:

1. Für Binnengewässer geschieht dies mit dem sogenannten Trophiensystem. Nach ihrem Gehalt an Phosphor und Chlorophyll werden sie darin in vier Stufen eingeteilt. Auch Sauerstoffsättigung, Wasserfärbung, Sichttiefe und die Anzahl an Bakterien fließen in die Beurteilung ein. Dabei gilt: Je weniger Sauerstoff dem Gewässer zur Verfügung steht, desto

höher ist der Gehalt an pflanzlichen Nährstoffen. Im schlimmsten Fall führt eine Überdüngung dazu, dass der Sauerstoff in bodennahen Schichten weitgehend aufgebraucht ist. Statt einer Vielfalt an Lebewesen gibt es dann vor allem pflanzliches Wachstum. Überdüngt wird z. B. durch eingeschwemmte Nährstoffe aus anliegenden landwirtschaftlichen Feldern und Abwässer.

2. Auch der Zustand der zweiten Gewässerart, der Fließgewässer, verschlechtert sich auf diese Weise zunehmend. Er wird mit dem Saphrobiensystem bestimmt. Dies unterscheidet in Güteklassen von I bis IV. Dazu wird die Anzahl an Lebewesen bestimmt, die besonders empfindlich auf den Sauerstoffgehalt im Wasser reagieren. Auf diese Weise kann die Belastung mit organischen Stoffen, die Sauerstoff verbrauchen, ermittelt werden. Andere ungünstige Faktoren, wie der Nährsalzgehalt und bauliche Veränderungen wie Begradigungen, Uferbefestigungen und Stauungen, werden damit allerdings nicht erfasst. Wer wissen möchte, welche Tierarten sich in welcher Güteklasse der Fließgewässer finden lassen, blättert einfach auf die nächste Seite um.

[1.]

[2.]

[3.]

FLIESSGEWÄSSERBEWOHNER
Tiere in Bach und Fluss

Wer wissen möchte, wie es um das Wohlergehen eines Fließ-gewässers bestellt ist, erforscht am besten seine Tierwelt. Die dort lebenden Tierarten lassen auf die Wasserqualität schließen.

PRACHTLIBELLE [1.]
Calopteryx
Güte I
Arten: Zur Familie gehören verschiedene Arten von Kleinlibellen. Während die Gebänderte Prachtlibelle recht häufig auftaucht, ist der Bestand der Blauflügel-Prachtlibelle stark gefährdet. Beide ähneln sich sehr.
Merkmale: Die Männchen beider Arten haben einen blau schimmernden Körper von bis zu 5 cm Länge. Die Flügel der Gebänderten Art sind nur mit einem blauen Streifen versehen, während die der Blauflügel-Art vollständig blau sind. Die Weibchen sind grün bis bräunlich.
Entwicklung: Ihre Larven wachsen direkt im Bach heran. Erst nach ein bis zwei Jahren schlüpfen aus ihnen die erwachsenen Libellen, die nur etwa 30 Tage leben. Wir können ihre Larvenhüllen (Exuvien) im Trockenen an Wasserpflanzen finden.
Wasserqualität: Prachtlibellen benötigen eher kühles und nährstoffarmes, aber sauerstoffreiches Bachwasser. Sie weisen auf eine gute bis sehr gute Wasserqualität hin (Güte I).
Andere Arten Güteklasse I: Groppe, Stein-fliegenlarve, Flache Eintagsfliegenlarve.

DREIECKSKOPF-STRUDELWURM [2.]
Dugesia gonocephala
Güte I bis II
Merkmale: Wie der Name verrät, erkennen wir sie an ihrem dreieckig geformten Kopf. Gut sichtbar sind die großen, weißen Augen. Die Tiere werden bis 25 mm lang und sind dunkel gefärbt.
Lebensweise: Wir finden sie in sauberen, eher kühlen Bächen auf der Unterseite von Steinen. Sie ernähren sich von Bachfloh-krebsen und Insektenlarven.
Wasserqualität: Diese verbreitete Strudel-wurmart steht im Unterschied zu vielen ihrer Verwandten für eine gute bis sehr gute Wasserqualität.
Wissenswertes: Strudelwürmer werden auch Planarien genannt. Sie sind ein belieb-tes Forschungsobjekt, da sie die Fähigkeit besitzen, sich vollständig zu regenerieren.
Andere Güteklasse II: Spitzschlammschne-cke, Flohkrebs, Großer Schneckenegel.

KÖCHERFLIEGE [3.]
Trichoptera
Güte II bis III
Lebensweise: Diese Insektenfamilie baut im Larvenstadium interessante Behau-sungen. Anhand von Bauweise und -stoffen dieser Köcher können unterschiedliche Arten bestimmt werden. Weit verbreitet ist

die Pilzkopf-Köcherjungfer. Sie baut ihre Köcher aus Sand und langen Ästchen und ist erkennbar an einem Pilzmuster auf dem Kopf. Die Larven ernähren sich von Pflanzenresten und leben etwa neun Monate in langsamen Fließgewässern und Seen.
Wasserqualität: Sie zeigen eine gute bis mittelmäßige Wasserqualität an.
Andere Güteklasse III: Rollegel, Waffenfliegenlarve, Wasserassel,

GEMEINER SCHLAMMRÖHREN-WURM [4.]
Tubifex tubifex
Güte IV
Merkmale: Aufgrund seiner roten Färbung und des oft massenhaften Auftretens leicht zu erkennen. Wird bis 90 mm lang.
Lebensweise: Er lebt kopfüber halb vergraben in Sand oder Schlamm. Dort baut er senkrechte Röhren, in denen er sich von winzigen organischen Teilchen ernährt. Die rote Färbung rührt vom Hämoglobin im Körper. Mithilfe dieses Eiweißes speichert er Sauerstoff. So kann er bis zu 48 Stunden ohne direkte Sauerstoffaufnahme überleben!
Wasserqualität: Sein Auftreten ist ein Hinweis auf eine schlechte, da sauerstoffarme Wasserqualität.
Andere Güteklasse IV: Roter Schlammröhrenwurm, Rote Zuckmückenlarve, Rattenschwanzlarve.

BACHFORELLE [5.]
Salmo trutta fario
Merkmale: Die Größe dieses Fisches richtet sich nach dem verfügbaren Nahrungsangebot und liegt meist zwischen 20 bis 70 cm, unter optimalen Bedingungen bei über einem Meter. Typischerweise ist ihr Rücken olivfarben bis schwarz-braun und silbrig-blau mit schwarzen Flecken. Die ansonsten gelblichen Flanken haben rote Punkte.

Lebensraum/Ökologie: Die Bachforelle bevorzugt klare, kalte und sauerstoffreiche Bäche und Flüsse, kommt aber auch in Seen vor. Im Spätherbst und Winter sucht sie schnelle, flache Nebenbäche auf, um in sandig-kiesigen Bereichen den Laich abzulassen. Ansonsten bevorzugt sie eher tiefe Gewässer mit unterspülten Wurzeln, überhängenden Büschen und großen Steinen. Sie ernährt sich von Wassertieren wie Insekten, Würmern, Schnecken, Krebsen und kleinen Fischen. Zur Tarnung kann sie sich in Zeichnung und Farbe ihrem Hintergrund anpassen. Kann bis 18 Jahre alt werden.
Wasserqualität: Das natürliche Vorkommen von Bachforellen zeigt eine gute Wasserqualität an. Teilweise werden sie von Anglern ins Wasser eingesetzt.

EURASISCHER FISCHOTTER [6.]
Lutra lutra
Merkmale: Dieser Marder kann mit Schwanz eine Länge von 130 cm erreichen.
Lebensweise: Der ausgezeichnete Schwimmer ernährt sich überwiegend von Fischen. Sein braunes, sehr dichtes und wasserabweisendes Fell schützt ihn selbst im Winter vor Kälte. Im Schnee lässt sich sein Trittsiegel aufgrund der Schwimmhäute zwischen den Zehen sicher bestimmen. Ist überwiegend nachtaktiv, tags ruht er am Ufer. Das recht anpassungsfähige Tier kann an natürlichen Uferbereichen von fast allen Gewässern leben, bevorzugt aber Flüsse. Otter werden in freier Natur bis 15, in Gefangenschaft bis 22 Jahre alt. Vor allem im letzten Jahrhundert wurden sie massiv gejagt. Heute wachsen die Bestände in Deutschland leicht an.

[4.]

[5.]

[6.]

[a]

DAS IST
wirklich
WICHTIG

[a] FÜR DIE RADACHSE von einem dicken Ast ein etwa 4 cm breites Stück absägen. Dann vier gegenüberliegende Schlitze längs in das Stück sägen.

[b] FÜR DIE SCHAUFELN mit einer sehr scharfen Haushaltsschere das dünne Obstkistenholz in vier gleich große, längliche Stückchen schneiden.

[c] DAS OBSTKISTENHOLZ in die Schlitze stecken. Das weiche Mark in der Astmitte durchstoßen, sodass ein Schaschlikspieß durchgesteckt werden kann.

[d] DAS FERTIGE RAD im Bach zwischen zwei gleich hohe Astgabeln hängen.

[c]

[b]

[d]

BACHSPIELE

Mein erstes Wasserrad

Wasserrädchen selbst zu bauen und anschließend ihr Wasserspiel zu bestaunen, ist ein Riesenspaß. Es lohnt sich, verschiedene Schaufelradformen auszuprobieren. Dank eines Tricks klappern sie wie die Mühle am rauschenden Bach.

Zuerst begeben wir uns auf die Suche nach einem geeigneten Gewässer. Wer kennt den nächsten Bach, weiß, wie er heißt, wo er entspringt und wo er mündet? Karten geben Aufschluss. In unseren Rucksack packen wir neben Proviant und Wechselsachen noch Folgendes:
• ein Taschenmesser oder eine kleine Säge
• Korken
• Obstkistenbretter
• Holz-Schaschlikspieße
• einen Holzbohrer
• Hammer und Nägel
• Außerdem suchen wir pro geplantem Wasserrad je zwei kräftige, lange Äste mit Gabelung sowie ein etwa 3 bis 4 cm dickes Aststück.

Besonders schön sind ursprüngliche Bachläufe, die sich durch die Landschaft schlängeln. Sie haben auch den größten ökologischen Nutzen, sind Lebensraum für eine Vielzahl von Pflanzen und Tieren.

DER BESTE PLATZ

Damit das Rad in Bewegung bleibt, muss es an einer geeigneten Stelle platziert werden. Am besten eignen sich schmale Stellen im Bach. Vor allem braucht das Wasser genügend Strömung. Dies ist in der Regel bei etwas Gefälle und hohem Wasserstand der Fall. In regenarmen Zeiten kann der Bachlauf zum Wasserrad umgeleitet werden. Dafür einige große Steine oberhalb des Wasserrades setzen.

ANLEITUNG RÄDCHEN

Die Schaufelblätter des Wasserrades sollten vor allem eine große Fläche und wenig Gewicht besitzen. Leichte und dünne Baustoffe wie Obstkistenbretter eignen sich am besten. Als Achse nehmen wir das etwa 3 cm dicke Aststück und kürzen es mit der Säge auf eine Länge von etwa 4 cm. Als Arbeitsplatz eignet sich wie auf den Fotos ein großer Stein am Bachufer [→a]. Nun heißt es sorgfältig arbeiten. Für die „Mühlenblätter" zeichnen wir jeweils nach einer viertel Umdrehung vier Striche an. Vorsichtig sägen wir vier etwa 3 bis 4 mm tiefe Schlitze in das Aststück. Mit einem Handbohrer wird das weiche Mark im Inneren des Aststücks ausgehöhlt und der Schaschlikspieß hindurchgeführt. An beide Enden stecken wir ein Stück Korken. Dann kürzen wir vier Obstkistenbretter auf die gleiche Länge und Breite [→b]. Die Bretter stecken wir in das vorbereitete Aststück [→c]. Die beiden Astgabeln stecken wir an einer geeigneten Stelle in den Bachgrund. Falls die Mühlenblätter nun nicht ins Wasser ragen, müssen die Stöcke gekürzt werden. Dann legen wir das Wasserrädchen in die Gabeln [→d]. Und schon dreht sich unser Rad ...

TIPP: Wer sein Wasserrad noch schmücken möchte, sucht einige leere Schneckengehäuse aus dem Bach und durchbohrt sie in der Mitte. Dann werden sie auf kurze Abschnitte von den Schaschlikspießen in die vorgebohrte Radachse gesteckt und mit einem Stück Korken fixiert. In Bewegung klackert das Rädchen nun fein.

[a]

[b]

[c]

DAS IST
wirklich
WICHTIG

[a] ZWEI DICKE ÄSTE sorgen für einen guten Auftrieb unseres Dampfers. Sie bilden mit zwei aufgenagelten dünnen Ästen den Rumpf.

[b] DIE ZWEI SCHAUFELRÄDER bauen wir diesmal mit kleinen Klötzchen, auf die wir die Obstkistenbretter kleben.

[c] ZWEI ASTGABELN an den Außenseiten der dicken Äste festschrauben. Dazwischen einen dünnen Stock legen, an dessen beiden Enden Zahnstocher fest im Mark stecken.

[d] DIE SCHAUFELRÄDER in die Zahnstocher stecken. Ein langes Gummiband an der Schaufel-Achse und dem vorderen Ast verknoten.

[e] FÜR DEN ANTRIEB das Gummi spannen, in dem es auf der Achse aufgedreht wird. Volle Kraft voraus!

[d]

[e]

MISSISSIPPIDAMPFER

Einen Schaufelradantrieb bauen

Heute bauen wir echte Natur-Schiffchen. Mit einem Trick bekommen sie sogar einen eigenen Antrieb. Dazu brauchen wir nur ein Gummiband und nutzen die Kraft des Wassers. Dann heißt es: Volle Fahrt voraus!

Die Schiffchen mit Antrieb können wir auf Bächen, Teichen oder Seen fahren lassen. Zum Bau benötigen wir nicht viel Material.

Wir brauchen
• drei Aststücke, 3 bis 4 cm dick und etwa 20 cm lang
• zwei Stöcke, etwa 1 bis 2 cm dick und 15 cm lang
• zwei stabile Astgabeln, etwa 10 cm lang
• einige Obstkistenbretter
• eine Säge
• Hammer und Nägel
• Holzbohrer
• ein Gummiband (aufgeschnitten etwa 15 bis 20 cm lang)
• Sisalband
• evtl. Kleber und Holzklötzchen

MODEL WASSERLÄUFER

Dieses Boot ähnelt mit seinen zwei Kufen aus Aststücken einem Katamaran. Für den Antrieb bauen wir zwei Wasser-rädchen, die in zwei Astgabeln eingehängt werden. Diese können nach dem Prinzip der Wasserrädchen auf Seite 113 gebaut werden. Wer sich mit der Säge noch nicht so sicher fühlt, kann auch etwas Neues ausprobieren. Dazu brauchen wir zwei kleine, quadratische Stückchen Holz und acht gleich große Stücke von den Obstkistenbrettern. An jede Außenseite nun jeweils ein Obstkistenbrettchen kleben. (Form siehe Foto [d]). Mit einer Schraubzwinge das Ganze

zusammenpressen, bis der Kleber getrocknet ist. Die Holz-quadrate in der Mitte durchbohren und einen Schaschlikspieß hindurchführen [→b]. Für den Schiffsrumpf nageln wir zwei kurze, dünne Äste auf zwei dicke, lange [→a].

MODEL WASSERFLITZER

Hier sitzt der Gummibandantrieb in der Mitte. Ein Schaufelrad wird hier aus zwei Obstkistenbrettern ineinandergesteckt. Dazu werden die Bretter auf eine Länge gebracht und dann jeweils in der Mitte bis zur Hälfte eingesägt und als Plus zusammengesetzt. Den Rumpf wie oben zusammennageln. Am hinteren Ende links und rechts einen Nagel einschlagen. Zwei Gummibänder von beiden Seiten über das Plus weiter zu den Nägeln spannen. Rad aufdrehen, fertig!

WER HAT DAS SCHNELLSTE RINDENBOOT?

Um zu vergleichen, wie schnell das Wasser an verschiedenen Stellen des Laufes fließt, gibt es einen einfachen Trick. Wir nehmen eine mehrere Meter lange Schnur und markieren damit eine Strecke am Bachufer. Am Anfangspunkt werfen wir ein Stöckchen oder ein Stück Rinde ins Wasser und stoppen die Zeit, die es bis zum Endpunkt der Schnur braucht. Für einen Vergleich an anderer Stelle eine gleich lange Strecke markieren.

TIPP: Damit die Schiffchen nicht auf und davon sausen, sichern wir sie mit einer langen Schnur. So können wir die kleinen Meisterwerke schnell wieder einfangen.

[1.]

[2.]

[3.]

STILLGEWÄSSERBEWOHNER
Tiere in Teich und See

Alle meine Entchen schwimmen auf dem See! Aber in Teich und See steckt noch viel mehr Leben drin. Ein kleiner Überblick zur heimischen Tier- und Pflanzenwelt in stehenden Gewässern.

WASSERLÄUFER [1.]
Gerridae

Merkmale: Wie der Name schon sagt, kann diese Wanze Beneidenswertes: auf dem Wasser laufen! Und dies auch noch besonders schnell: Mit bis zu 1,5 m/s flitzt sie über die Gewässer. Auch bis zu 40 cm hohe und weite Sprünge sind kein Problem. Ermöglicht wird dies alles zum einen durch eine Eigenart des Wassers, zum anderen durch Körperbau und Technik des Insekts. Es besitzt eine feine, wasserabweisende Körperbehaarung. Dazu werden die langen Beine so angewinkelt, dass die dünne Wasserhaut nicht durchstoßen wird. Denn Wasser hat eine Oberflächenspannung, die einen dünnen Film verursacht. Der langgestreckte Körperbau sorgt für eine gute Gewichtsverteilung. Mit den hinteren zwei Beinpaaren bilden Wasserläufer zudem ein X. Dies sorgt für Stabilität. Zur Fortbewegung bewegt er das mittlere Beinpaar vor und zurück.

Lebensweise: Das häufig vorkommende Insekt lebt in kleinen Teichen, Tümpeln oder sogar Pfützen. Dort ernährt es sich von kleinen Insekten, die ins Wasser fallen.

GEMEINER RÜCKENSCHWIMMER [2.]
Notonecta glauca

Merkmale: Auch diese etwa 1,5 cm lange Wanze hat erstaunliche Fähigkeiten: Unter der Wasseroberfläche schwimmt sie mit der Bauchseite nach oben. In gewisser Weise ist sie das Gegenstück zum Wasserläufer. Da die luftgefüllten Rückenschwimmer leichter als Wasser sind, stemmen sie sich mit ihren Beinen von unten gegen die Wasseroberfläche. Mit ihrem Hinterteil durchstoßen sie die Wasserhaut, um Atemluft zu bekommen. Da sie stechen können, werden sie auch Wasserbienen genannt.

Lebensweise: Neben Insekten, die ins Wasser fallen, ernähren sie sich auch von kleinen Fischen und Kaulquappen. Die gewandten Schwimmer leben vor allem in kleinen Stillgewässern, besiedeln aber auch kleinere Seen und sogar Fließgewässer. Bei trockenem Wetter fliegen sie dazu mit ihren kräftigen Flügeln.

GELBRANDKÄFER [3.]

Dytiscus marginalis

Merkmale: Insekt. Wird bis 35 mm lang. Die Männchen sind oberseits schwarz-grün, die Weibchen grün-braun. Die oberen Deckflügel sowie der Halsschild sind bei beiden, wie der Name vermuten lässt, gelb umrandet. Die Unterseite ist ebenfalls gelb-braun.

Entwicklung: Die Weibchen legen die Eier in Wasserpflanzen ab. Der Käfer kann fünf Jahre alt werden.

Lebensweise: Die Käfer leben überwiegend in stehenden Gewässern, aber auch in Bächen. Sie sind sehr gute Schwimmer und ernähren sich von kleinen Fischen, Larven und Kaulquappen. Um neue Lebensräume zu erschließen, fliegen sie zumeist nachts.

DREISTACHELIGER STICHLING [4.]

Gasterosteus aculeatus

Merkmale: Der Fisch wird etwa 5 bis 11 cm lang. Auf dem Rücken trägt er drei bewegliche Stacheln zur Abwehr von Feinden, einen weiteren am Bauch. Seine Haut glänzt silbrig und ist mit bräunlichen Tupfen versehen. In der Fortpflanzungszeit im Frühjahr verfärbt sich die Bauchseite paarungsbereiter Männchen orange, Rücken und Augen türkisfarben.

Entwicklung: Die Männchen bauen aufwendige Nistplätze am Bodengrund. Die angelockten Weibchen lassen Laich dort ab, den die Männchen besamen. Die Brutaufzucht übernehmen die Männchen. Sie werden etwa zwei bis drei Jahre alt.

Lebensweise: Der Stichling ist weit verbreitet. Lebt in Still- und in Fließgewässern. Auch im Salzwasser anzutreffen.

TEICHFROSCH [5.]

Rana esculenta

Der Lurch bildet keine eigene Art. Er ist eine Kreuzung aus dem Kleinen Wasserfrosch und Seefrosch.

Merkmale: Sein Aussehen variiert daher z. T. stark. Wird 6 bis 12 cm groß. Die Haut ist grün bis bräunlich gefärbt mit schwarzen Punkten auf Rücken und Beinen.

Lebensweise: Lebt an stehenden Gewässern und mag sonnige Plätze mit reicher Vegetation. Ungewöhnlicherweise kann er sich als Bastard auch untereinander fortpflanzen. Die Nachkommen sind aber nicht so widerstandsfähig wie Kreuzungen von Wasser- und Seefrosch. Teichfrösche laichen im Mai und Juni.

Wissenswertes: Kommt häufig vor, genießt aber dennoch Schutzstatus. Darf also nicht gefangen oder gar verletzt und getötet werden.

TEICHMOLCH [6.]

Lissotriton vulgaris

Wie Frösche gehören auch Molche zur Familie der Lurche.

Merkmale: In Deutschland gibt es derzeit noch drei weitere Molcharten. Der Teichmolch wird bis 11 cm lang. Seine Rückenseite ist mattschwarz, die Unterseite auffällig orange.

Entwicklung: Um zu laichen, sucht er ab Ende Februar stehende Gewässer auf. Dann entwickelt er eine spezielle Wassertracht mit einem hohen Rückenkamm.

Lebensweise: Wie alle Lurche lebt er sowohl im Wasser als auch an Land. Der Teichmolch hält sich jedoch überwiegend an Land auf.

Wissenswertes: Wie der Teichfrosch gehört er zu den geschützten Arten (s. o.).

[4.]

[5.]

[6.]

GEWUSST? Während Weiher, Tümpel und Seen zu den natürlich entstandenen Gewässern gehören, sind Teiche stets vom Menschen angelegt und können deshalb auch wieder trockengelegt werden.

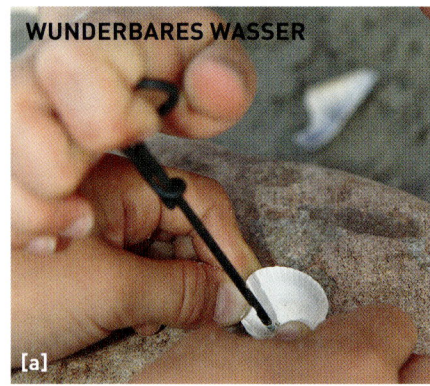

[a]

DAS IST
wirklich
WICHTIG

....

[a] DIE MUSCHELN liegen zum Anbohren mit dem Handbohrer auf einer festen Unterlage mit der hohlen Seite nach oben.

[b] DIE VORGEBOHRTEN Muscheln einfach auffädeln.

[c] DAS AUFGEFÄDELTE STRANDGUT kann später einfach von der Decke baumeln.

[d] ODER WIR HÄNGEN ES an einen Treibholzast. Gegenstände ohne Loch dazu einfach mit einem superbiegsamen Aluminiumdraht umwickeln.

[c]

[b]

[d]

EIN TAG AM MEER

Mobile aus Strandfunden

Was wäre ein Strandspaziergang ohne die Suche nach interessantem Treibgut? Wir basteln ein Mobile aus unseren Funden. Besonders Muschelschalen und Schnecken sind dafür geeignet.

Was viele erstaunt: Wir finden sie nicht nur am Meeresstrand, sondern auch an Bächen, Flüssen oder Seen. Denn Muscheln leben nicht nur im Salz-, sondern auch im Süß- und Brackwasser. Zum Glück! Reinigen sie doch ständig riesige Wassermengen über ihre Kiemen. Das liegt daran, dass sie praktisch gleichzeitig atmen und essen. Ständig pumpen sie Wasser in ihren Körper. In den Kiemen wird zum einen Sauerstoff aus dem Wasser gelöst, zum anderen werden sog. Schwebstoffe herausgefiltert. Das sind winzige Teilchen, die im Wasser schwimmen. Die meisten Muscheln ernähren sich von Plankton. Dazu zählen Algen, Bakterien und Einzeller. Bereits eine kleine Miesmuschel von 3 cm Länge filtert etwa 1 l Wasser in der Stunde!

Muscheln finden wir nicht nur an Gewässern, sondern überall auf der Erde. Weltweit gibt es etwa 10.000 Arten, in Deutschland etwa 120. Sie unterscheiden sich nicht nur in Form und Farbe. So variiert ihre Größe von der eines Stecknadelkopfes bis zu einem Meter und ihre Lebenserwartung zwischen einem Jahr und 300 Jahren. Manche sind blind wie die Miesmuscheln, andere haben viele Augen. Die Jakobsmuschel etwa hat ganze 90 Augen, um nach Feinden auszuspähen.

Muscheln zählen wie Schnecken zu den Weichtieren. Ihre harten Schalen aus Kalk schützen ihren weichen Körper vor Fressfeinden und vor dem Vertrocknen. Lebende Muscheln erkennen wir daran, dass ihre zwei passgenauen Schalen fest von einem Schließmuskel verschlossen sind. Die geöffneten Schalen, die wir am Strand finden, stammen hingegen von toten Muscheln. In Deutschland finden wir vor allem Mies-, Herz- und Schwertmuscheln.

Wir brauchen für das Mobile
- Strandfundstücke
- Sisalschnur
- Lederband
- Draht
- Drahtzange
- Handbohrer oder Bohrmaschine mit Steinbohrer

ANLEITUNG MUSCHEL DURCHBOHREN

Neben den Muscheln sammeln wir noch die Gehäuse von anderen Schalentieren wie Schnecken und Krabben, schöne Steine, bunt schillernde, geschliffene Glasscherben und interessant gewundene Treibholzäste. Die Strandfunde reinigen wir, damit sie später nicht unangenehm riechen. Die Gehäuse der Schalentiere kochen wir mit Essigwasser ab. Dadurch wird die Schale vorübergehend weicher. Mit dem Handbohrer bohren wir vorsichtig ein Loch [→a]. Wichtig: Die Muscheln müssen auf einer festen Unterlage platziert werden. Damit die Kalkschale nicht zerbricht, wird das Loch am besten dort gebohrt, wo sie gut aufliegt. Die hohle Seite zeigt also nach oben. Dabei gilt für den Anfang: Je feiner der Bohrer, desto besser. Später kann mit einem dickeren Bohrer nachgearbeitet werden. Tipp: Muschelschalen sind sehr unterschiedlich hart. Manche lassen sich leicht durchlöchern, bei anderen, wie z. B. der Miesmuschel, ist es schwieriger. Dann hilft eine Bohrmaschine mit Steinaufsatz. Auch hier verwenden wir erst den kleinsten Bohrer.

AUFGEPASST: Süßwassermuschelarten nicht an Bächen, Flüssen und Seen sammeln, da viele heimische Arten vom Aussterben bedroht sind.

[1.]

[2.]

[3.]

WATTBEWOHNER

Muscheln und Schnecken

Wunderschöne harte Schale und faszinierender weicher Kern – das verbindet die miteinander verwandten Muscheln und Schnecken. Hier eine Auswahl der interessanten Weichtiere.

GEMEINE HERZMUSCHEL [1.]
Cerastoderma edule
Merkmale: Häufigste Muschelart in der Nordsee, kommt aber auch in der Ostsee vor. Den Namen verdankt sie der herzförmigen Seitenansicht bei geschlossenem Zustand. Die geriffelte Schale ist stark gewölbt, wird bis 5 cm lang und ist weiß bis bräunlich. Mit ihrem Grabefuß kann sie bis 50 cm weit springen!
Lebensweise: Mit dem Grabefuß gräbt sie sich in den Meeresboden und lebt dort in etwa 1 bis 3 cm Tiefe. Ihre Atemröhren, Siphone genannt, streckt sie bei Flut ins Meer aus. So strudelt sie sich das Wasser zu, entnimmt ihm über die Kiemen Nahrung und Sauerstoff und lässt es wieder ab. Auf diese Weise filtert sie bis zu 10 l Meerwasser am Tag. Sie wird von Krebsen, Fischen und Vögeln gefressen.
Wissenswertes: Auch Menschen essen Herzmuscheln. In Deutschland dürfen sie jedoch nicht gefangen werden.

BALTISCHE PLATTMUSCHEL [2.]
Macoma baltica
Merkmale: Eine der wenigen auffällig farbigen Muscheln in unseren Breiten. Aufgrund der hübschen, meist rosarot schimmernden Schale auch Rote Bohne genannt. Das Äußere kann sowohl rot, als auch grün oder gelb-weiß gestreift sein. Mit bis zu 3 cm Länge ist sie eher klein. Eine weitere Besonderheit ist ihre Umtriebigkeit.
Lebensweise: Als junge Muschel wandert sie im Wattenmeer langsam in Richtung Strand. Dazu spinnt sie einen langen Schleimfaden, der sie bei Flut Richtung Land zieht und so als Fressschutz dient. Denn während sie als kleine Muschel eher die Beute von im Uferbereich lebenden Krebsen ist, werden die Größeren von Vögeln weiter draußen verspeist.

MIESMUSCHEL [3.]
Mytilus
Merkmale: Eine unserer häufigsten Muschelarten, wenngleich ihre Bestände offenbar zurückgehen. Längliche Schale, läuft an einem Ende spitz zu und wird etwa 5 bis 10 cm lang. Schale setzt sich aus drei Schichten zusammen, weshalb sie unterschiedliche Schattierungen haben kann – von blauschwarz bis hellviolett. Eine dünne

äußere Schicht besteht aus organischem Material, die dickere, mittlere aus Kalk und die innere aus glänzendem Perlmutt.
Lebensweise: Mies bedeutet im Mittelhochdeutschen Moos. Spinnt im Wasser braune Eiweißfäden, sogenannte Byssusfäden, die eine Art Schlick bilden und an Moos erinnern. Mit ihrer Hilfe heftet sie sich am Untergrund fest und verhindert so, von der Strömung mitgerissen zu werden. Wird auch Pfahlmuschel genannt, weil sie sich nach etwa vier Wochen an stabilen Untergründen festsetzt. Wie die Herzmuschel filtert sie große Mengen Meerwasser und ist eine wichtige Nahrungsquelle für viele Tiere.

SANDKLAFFMUSCHEL [4.]
Mya arenaria
Merkmale: Schalen werden etwa 10 bis 15 cm lang und haben eine weiße bis hellgraue Färbung.
Lebensweise: Auch hier ist der Name Programm. Sie lebt eingegraben im Meeresgrund in etwa 20 bis 30 cm Tiefe. Bei ausgewachsenen Muscheln klaffen die zwei Schalen auseinander, da dann ihr Sipho zu groß und lang geworden ist. Er kann eine Länge von bis zu 50 cm erreichen! Mit seiner Hilfe strudelt sie das Wasser zum Atmen und Essen in die Tiefe und gibt es wieder ab. Erkennbar sind diese Stellen an etwa fingernagelgroßen Löchern im Wattenmeer. Essbar, hat jedoch praktisch keine Fressfeinde, da sie im tiefen Sand lebt.

SCHWERTMUSCHEL [5.]
Ensis directus
Merkmale: Auch Amerikanische Scheidenmuschel genannt. Wurde erst Ende der 1970er wahrscheinlich über den Schiffsverkehr von Nordamerika nach Europa eingeschleppt. Seitdem verbreitet sie sich massenhaft. Charakteristisch ist ihre lange, unverwechselbar schwert- oder scheidenförmige Schale. In der Nordsee wird sie bis 17 cm lang.
Lebensweise: Steckt senkrecht im Meeresgrund und lebt meist knapp unter der Oberfläche. Verwandt mit der heimischen Schwertförmigen Scheidenmuschel *(Ensis ensis)*, die ihr in Aussehen und Lebensweise stark ähnelt.

GEMEINE STRANDSCHNECKE [6.]
Littorina littorea
Merkmale: Ihr Gehäuse ist bräunlich, läuft spitz zu und wird bis zu 3 cm groß. Im Unterschied dazu besitzt die Stumpfe Strandschnecke ein gelb bis bräunliches Gehäuse, das an der Spitze abgeflacht ist.
Lebensweise: Wo sie sich wohlfühlt, tritt sie massenhaft auf. Das ist wie bei der Miesmuschel auf harten Untergründen der Fall. Mit ihrer Raspelzunge, der Radula, verspeist sie Algen und kleine Tierchen, die sich an Miesmuschelschalen festsetzen. Dies ist für die Miesmuschel überlebenswichtig. Wir finden sie das ganze Jahr über vor allem in der westlichen Ostsee.

Andere: Amerikanische Bohrmuschel, Feste Trogmuschel, Große Pfeffermuschel, Pazifische Auster, Pantoffelschnecke, Stumpfe Strandschnecke, Wattschnecke, Weiße Bohrmuschel, Wellhornschnecke.

[4.]

[5.]

[6.]

[a]

[b]

DAS IST *wirklich* WICHTIG

[a] „BACKE, BACKE STRANDBURG!"
Aus einem alten Plastikblumentopf den Boden heraustrennen und mit Sand befüllen.

[b] ABWECHSELND mit dem Sand Wasser einfüllen und alles gut feststampfen.

[c] MIT ALTEN JOGHURTBECHERN Zinnen und Anbauten formen. Für den Turm das Rohr mit einer Handbreit feuchtem Sand füllen und die Mischung ordentlich festklopfen.

[d] DIE FERTIGE BURG verzieren wir mit allerlei Strandfunden.

[c]

[d]

STRANDSPIELE
Burgen, Türme und Kraken bauen

Die Sonne lacht, das Meer glitzert. Strände sind zum Spielen wie geschaffen.
Und das nicht nur im Sommer. Hier einige Spielideen und Profitipps für Burgenbauer.

Wie eine möglichst haltbare Sandburg zu bauen ist, wurde sogar schon wissenschaftlich untersucht. Das Rezept fürs Burgenbauerglück lautet viel Sand und ein wenig Wasser. So fand ein internationales Forscherteam heraus, dass Sand die stärkste Haftwirkung hat, wenn er etwa 1 % Wasser enthält. Das Wasser bildet dann einen dünnen Film zwischen den Sandkörnern und bindet sie. Am Strand ist genau dieses Mischungsverhältnis kaum herzustellen. Es lohnt sich aber, überschüssiges Wasser aus feuchtem Sand herauszuklopfen. Ein anderer Tipp der Wissenschaftler lässt sich leicht umsetzen. Wer eine möglichst hohe Sandsäule bauen will, sollte sie schmal formen. Eine 20 cm breite Säule kann bis zu 2 ½ m hoch werden! Und, neugierig ob das am Strand tatsächlich funktioniert? Dann baut diese Burg mit Turm:

Wir brauchen
• ein langes PVC Rohr für den Turm
• alte Eimer, Mörtelwannen, Joghurtbecher für Säule und Zinnen
• ein Cuttermesser
• eine Flasche als Klopfer (Durchmesser des Rohrs, glatter Boden)
• Sprühflasche
• Messer
• Spachtel oder Spielzeugmörtelkelle

ANLEITUNG BURG MIT TURM
Aus den Bauformen wie Eimern etc. mit dem Cuttermesser den Boden heraustrennen. Der Bauplatz sollte möglichst eben und fest sein. Dafür den Sand befeuchten, stampfen und etwas glatt ziehen. Vorsicht: Wer nahe am Wasser baut, muss damit rechnen, dass der Sand von den Wellen weggespült wird! Die Bauformen stellen wir an den gewünschten Platz und füllen sie mit Sand und Wasser. Auf zwei Eimer Sand kommt etwa ein Eimer Wasser. Zwischendurch heißt es stampfen, bis die Mischung sich steinhart anfühlt [→b]. Für den Turm füllen wir das Rohr mit einer Handbreit feuchtem Sand. Mit der Flasche klopfen wir die Mischung fest. Dann füllen wir mehr Sand ein und wiederholen den Vorgang. Zwischendurch überprüfen wir die Standfestigkeit, indem wir das Rohr vorsichtig hochziehen.

KRAKEN UND MEHR
Zu viel Theorie und zu wenig Fantasie? Dann macht doch einfach einige selbst kreierte Sandbauwerke. Das können Figuren sein wie Kraken, Fische und Seenixen oder geometrische Formen wie eine kegelförmige Kugelbahn aus Sand. Schön sind auch Kleckerburgen. Wir bauen sie am besten im besonders feuchten Sand an der Brandung. Die Matsche einfach aus der Hand tropfen lassen und so langsam einen Hügel bilden.

ANDERE IDEEN: Mandalas aus Fundstücken wie Muscheln, Steinen, Federn und Seetang legen, Steintürme bauen, auf einem Ball balancieren, Steine flitschen, Drachen steigen lassen, Bernstein suchen (beste Bedingungen bei kaltem Wasser kurz über Gefrierpunkt und auflandigem Wind), Wettrennen z. B. Muschellauf (Muschel wird auf Stirn balanciert), Kokosnusslauf (Nuss wird auf Löffel balanciert), Tauziehen, Weitsprung, Steinweitwurf, Burgenkampf (zwei Teams versuchen, die Fahne auf der großen Burg des Gegners zu klauen).

WEISSER ZAUBER
Einzigartiger Schnee

Schneeflöckchen, Weißröckchen, wann kommst du geschneit? Das fragen viele Kinder flehentlich im Winter. Bei genauer Betrachtung hat jeder Schneekristall eine einzigartige, wunderhübsche Form.

Aber was ist Schnee überhaupt? Eigentlich nichts anderes als gefrorenes Wasser. Jede einzelne Schneeflocke besteht dabei aus verschiedenen Eiskristallen.

Diese Kristalle haben eine unglaubliche Formenvielfalt. Entdecken können wir sie, wenn wir Schnee mit einer Lupe oder besser mit einem Mikroskop vergrößern. Einer der Ersten, der dies tat, war der amerikanische Farmer Wilson Bentley (1885 bis 1931). Er entwickelte in den 1880er Jahren eine besondere Methode, Schneekristalle zu fotografieren. Dafür vergrößerte er sie unter einem Mikroskop. Auf diese Weise hielt er die Form von über 5000 Kristallen fotografisch fest und war sich sicher: No two snowflakes are alike – Jede Schneeflocke ist einzigartig. Auch heute noch gehen Schneeforscher von der Richtigkeit dieser Annahme aus. Denn die Schneekristalle bestehen aus einer Vielzahl kleinster Wasserteilchen, sog. Moleküle, die sich abhängig von Witterungseinflüssen auf unterschiedliche Weise verbinden. Luftfeuchtigkeit, Temperatur und Wind bestimmen, welche Form die Kristalle bilden. Eine Gemeinsamkeit gibt es aber doch. Alle Eiskristalle haben eine sechseckige Grundstruktur. Ihre sechs Spitzen ordnen sich immer genau in einem Winkel von 60° bzw. 120° zueinander an. Dies liegt an der Form der Wassermoleküle. Und tatsächlich erscheinen die Eiskristalle erstaunlich symmetrisch. Wir können sie in drei Grundformen unterteilen: sechseckige Sterne, sechseckige Plättchen oder eine Mischung aus Plättchen und Sternen mit einem Sternenkranz.

WIE ENTSTEHT SCHNEE?

Wie es im Kinderlied Schneeflöckchen, Weißröckchen schon heißt: „Du wohnst in den Wolken, dein Weg ist so weit." Tatsächlich entstehen Schneeflocken dort. Die Wassertropfen lagern sich bei tiefen Minusgraden an kleinste Teilchen wie Staubkörnchen an und gefrieren. Haben sich mehrere Kristalle miteinander verbunden, fallen sie durch das zunehmende Eigengewicht zur Erde. Auf dem Weg dorthin gewinnen sie oft noch an Größe. Besonders große Flocken entstehen bei hoher Luftfeuchtigkeit und eher „wärmeren" Temperaturen von bis zu 5 °C minus. Sinken die Temperaturen, fallen eher feine, kleine Eissterne vom Himmel.

LEUCHTEND WEISSE DECKE

Schnee hat noch einige andere Besonderheiten. Uns Menschen spricht er mit allen Sinnen an. Hat es geschneit, sieht die Welt nicht nur verändert aus, auch die Geräusche werden gedämpft. Die weiße Oberfläche reflektiert bzw. spiegelt besonders viel Licht. In der kalten und lichtarmen Jahreszeit eine besonders angenehme Begleiterscheinung. Und es klingt paradox: Pflanzen wärmt und schützt eine geschlossene Schneedecke. Das liegt daran, dass Schnee viel eingeschlossene Luft enthält und die Pflanzen vor eisiger Kälte geschützt sind. Bei strenger Kälte fällt die Temperatur unter der Schneedecke zudem langsamer. Einen ähnlichen Effekt erleben wir auch in einem Iglu (Bauanleitung siehe Seite 127). Die Innentemperaturen liegen hier oft deutlich über der Außentemperatur. In einigen sehr kalten Gegenden unserer Erde werden sogar ganze Bauwerke wie Hotels aus Schnee und Eis gebaut. Das Älteste dieser Art wird seit 1989 jeden Winter wieder in stets neuen Formen im nordschwedischen Jukkasjärvi errichtet. Es entstehen dort ganze Gewölbehallen, indem Schnee auf Stahlgerüste aufgetragen wird.

ANTWORT: Die Menge wird deutlich weniger, denn gefrorenes Wasser dehnt sich aus, wird also größer. In pulverigem Neuschnee ist zudem eine große Menge Luft eingeschlossen. Sie kann bis zu 95 % der Masse ausmachen. Schmilzt der Schnee, entweicht sie wieder.

TIPP: Wer untersuchen möchte, wie viel Wasser in einer Schaufel Schnee steckt, füllt diese in einen Eimer und stellt ihn über Nacht an einen warmen Ort. Was meint ihr, wird die Menge mehr oder weniger? Und woran liegt das? Die Antwort findet ihr links.

[a]

[b]

DIE FUGEN SORGSAM VERPUTZEN

[c]

[d]

DAS IST *wirklich* WICHTIG

[a] LIEBER KLEIN ANFANGEN! Denn je größer das Iglu wird, desto länger bauen wir. Mit einer Schnur an einem Stock einen Kreis in den Schnee trampeln.

[b] QUADERFÖRMIGE PUTZEIMER o. Ä. mit Schnee füllen, gut feststampfen und auf die Kreislinie setzen. Die zweite Reihe versetzt mit den Fugen zur unteren und leicht nach innen geneigt bauen.

[c] ALLE QUER- UND LÄNGSFUGEN und Lücken sorgfältig mit Schnee verschmieren. Den Schlussquader von außen aufsetzen.

[d] SIEHT das nicht einladend aus?

EIN IGLU BAUEN

Wie die Inuit

Es schneit, es schneit – kommt alle aus dem Haus! Schnee lässt die Welt wie verzaubert aussehen. Liegt eine gute Handbreit, lässt sich daraus schon ein echtes Schneehaus bauen.

Jeder sollte das mal versucht haben. Ein Iglu zu bauen, macht zwar etwas Arbeit und dauert einige Zeit, aber es bringt auch viel Spaß. Und bleibt es kalt, hält das Schneehaus eine ganze Weile. Vorausgesetzt, es wurde in der richtigen Technik gebaut.

Wir brauchen
• feuchten Schnee
• mindestens einen kleinen und einen großen Iglubauer
• eine alte Mörtelwanne
• oder einen quaderförmigen Eimer o. Ä.
• eine große Kinderschaufel
• ein Tapetenmesser o. Ä.
• warme Kleidung
• eine Thermoskanne mit einem Heißgetränk der Wahl
• etwa zwei bis drei Stunden Zeit

ANLEITUNG

Zuerst machen wir die Schneeprobe. Können wir leicht einen kleinen Schneemann aus drei Kugeln bauen? Falls ja, herzlichen Glückwunsch! Wahrscheinlich liegt pappiger Nass-schnee, der ist ideal für unser Iglu. Feiner Pulverschnee, der nicht haftet und schnell zerbröselt, eignet sich dagegen leider nicht. Mit einer kleinen Schneeballschlacht können wir testen, ob der Schnee gut pappt.
Nun legen wir die Größe des Iglus fest. Dabei gilt: klein, aber fein! Denn je größer wir den Radius des Baus wählen, desto länger wird die Bauzeit und desto schwieriger wird es später, das Igludach zu schließen. Ein Durchmesser von einem guten Meter ist ideal. Mit den Füßen trampeln wir einen möglichst

runden Kreis in den Schnee [→a]. Diese Linie markiert den Umfang des Iglus.
Zum Bauen füllen wir die Eimer mit Schnee [→b]. Dann stampfen wir den Schnee in der Form ordentlich fest. Da heißt es ganz nach Geschmack trampeln, boxen, draufsetzen! Den Eimer umgekehrt auf der Markierungslinie platzieren und den Schneequader herausdrücken.
Den letzten Schneeblock im Ring einpassen und ggf. mit dem Tapetenmesser zuschneiden. Sobald er fertig ist, die Fugen zwischen den einzelnen Quadern sorgsam mit Schnee verschließen [→c]. Dies ist wichtig für die spätere Stabilität des Iglus. Also nicht schlampen!
Ab der zweiten Reihe müssen sich die Blöcke nach innen neigen [→b]. Am besten bleibt nun ein kleiner Iglubauer in der Ringmitte und arbeitet von dort. Soll das Iglu tatsächlich auch ein Dach bekommen, muss die Neigung von Reihe zu Reihe zunehmen. Weiter heißt es, ordentlich Fugen verputzen von innen und außen und auch zwischen den einzelnen Ringen. Bevor das Igludach mit einem letzten Block verschlossen wird, hebt der große Bauer den kleinen heraus. Auch der Schlussquader wird wie gehabt verarbeitet.
Zuletzt fügen wir Ein- und Ausgang in das Iglu ein. Wir können sie mit Schaufel und Tapetenmesser ausschneiden. Wer möchte, setzt noch einige Quader um den Eingang. Im Dunkeln bringt eine Kerze im Inneren das Bauwerk schön zum Leuchten [→d].

TIPP: Als Bauform geeignet sind alle quaderförmigen Gefäße wie Mörtelwannen und Putzeimer, die sich nach unten leicht verjüngen. Auf diese Weise gleitet der Schnee am besten aus der Form heraus.

[1.]

[2.]

[3.]

WINTERIDEEN
Spiel und Spaß im Schnee

Mit gefrorenem Wasser lässt sich viel mehr machen, als Schneemänner und Iglus bauen. Hier einige Ideen zum Basteln, Schmücken und Spielen.

TIERE BEOBACHTEN [1.]

Ist da etwa ein Fuchs durch den verschneiten Garten getapst? Oder war das Nachbars Hund? Liegt Schnee, bieten sich Spurenlesern einmalige Gelegenheiten, die Wege und Gewohnheiten von Wildtieren zu verfolgen (mehr Tipps zum Spurenlesen siehe Seite 101). Auch Vögel lassen sich im Winter besonders gut beobachten. Jedes Jahr im Januar fordert der NABU deutschlandweit dazu auf, bei der Stunde der Gartenvögel mitzuhelfen, die Bestände zu kontrollieren. Eine Stunde lang darf jeder die verschiedenen Vogelarten in Garten und Parks zählen. Für Kinder gibt es eine besondere Aktion mit sehr schönen Malvorlagen. Eine hervorragende Gelegenheit, die Vogelarten kennen zu lernen!

SCHNEEFIGUREN [2.]

Es muss nicht immer ein Schneemann sein. Aus Schnee lassen sich auch viele andere wunderbare Wesen formen. Wie wär es z. B. mit einem Schneemonster oder einem Schneetroll? Auch Tiere lassen sich formen und mit Zweigen vollenden: Häschen, Spinnen oder Dinos. Wichtig ist, dass der Schnee gut pappt und nicht zu pulverig ist.

WINDLICHTER [3.]

Eine Kerze in Schnee- oder Eisskulpturen gestellt, gibt ein wunderbares Licht. Eine einfache Methode: Aus einigen Schneebällen einen kleinen Turm formen und ein Teelicht in seine Mitte stellen. Aufwendiger ist ein Windlicht aus Eis. Dazu füllen wir eine alte Kuchenform mit Wasser und geben Hagebutten, Zapfen o. Ä. hinein. Bei ordentlichen Minusgraden friert das Ganze in etwa zwei Tagen im Freien. Ansonsten hilft ein Eisfach. Eine andere einfache Methode: Einen Eimer Wasser über Nacht hinausstellen. Am nächsten Tag umstülpen und ggf. mit etwas warmem Wasser herauslösen. Den noch dünnen Eisboden nun vorsichtig herausbrechen. Diese Eisplatten lassen sich auch hervorragend als Windschutz für Teelichter oder Glasscheiben für Iglus verwenden.
Besonders klares, durchsichtiges Eis entsteht übrigens, wenn destilliertes bzw. abgekochtes Wasser verwendet wird. Temperaturen zwischen –2 °C bis –4 °C sind ideal.

SCHNEESTURM SPIELEN [4.]

Dieses Spiel eignet sich am besten für Gruppen, z. B. an Kindergeburtstagen. Wir brauchen dazu nur ausreichend Schnee und einen Schal zum Verbinden der Augen. Die Kinder spielen Inuit. Wer möchte, kann zwei Teams bilden. Zuerst baut jede Mannschaft ein eigenes Iglu. Das kann eine einfache Markierung im Schnee sein oder ein Kreis aus Schneekugeln. Wie beim Topfschlagen werden nun je einem Inuit die Augen verbunden. An der Startlinie, in einiger Entfernung zum Iglu, wird er noch einige Male um die eigene Achse gedreht. Los geht's. Ein kleiner Inuit ist in einen Schneesturm geraten. Doch zum Glück zeigen seine Schlittenhunde ihm den Weg nach Hause. Je näher er sich dem heimischen Iglu nähert, desto lauter und wilder bellen sie. Schlägt er hingegen die falsche Richtung ein, werden ihre Rufe leiser. Die Mannschaft, die zuerst alle Inuit am Iglu vereint, hat gewonnen.

EIS BEARBEITEN [5.]+[6.]

Eisschollen mit Hammer und Meißel zu bearbeiten, bringt Kindern einfach Spaß. Dabei geht es nicht um ein kunstvolles Endergebnis, sondern um die Erfahrung mit dem Material und den Umgang mit dem Werkzeug. Was passiert, wenn ich den Meißel in unterschiedlichen Winkeln ans Eis setze? Es können Löcher und einfache Muster in das Eis gehauen werden. Verschnörkelte Eisskulpturen herzustellen, ist leider für den Laien kaum machbar. Hält man die Flamme eines Bunsenbrenners an einen Eisblock, wird das Eis langsam klar.

SCHNEEKUNSTWERKE

Schon mal einen Schneeengel oder Adler in den Schnee gezeichnet? Das geht auch für die ganz Kleinen sehr leicht. Einfach in den Schnee legen und schnell Arme und Beine bewegen. Wer nun vorsichtig aufsteht, kann sein Kunstwerk in der Schneedecke bewundern und es noch mit einigen Zapfen und anderen Fundstücken verzieren. Wem es nicht zu bunt wird, kann mit Fliederbeersaft oder Lebensmittelfarbe Zeichnungen in den Schnee tropfen.

ERSATZSCHLITTEN

Wer keinen Schlitten hat, braucht nicht traurig zu sein! Denn rodeln kann man auch wunderbar mit alten Backblechen, Plastiktüten oder LKW-Schläuchen. Welches ist wohl das schnellste Renngefährt am Hang?

SCHNEEKRISTALLE

Wer mag, kann Wettergott spielen und Schneekristalle aus Papier basteln. Dazu faltet man ein quadratisches Stück Transparentpapier diagonal, sodass ein Dreieck entsteht. Dann schlägt man die beiden Spitzen an dem Falz zur oberen „offenen" Spitze um. Nun haben wir wieder ein kleines Quadrat. Dies klappen wir in der Mitte zusammen, sodass erneut ein Dreieck entsteht. Von der gefalteten Mitte aus kann man nun verschiedene Muster mit der Schere einschneiden. Die aufgeklappten Sterne sind ein schöner Fensterschmuck.

[4.]

[5.]

[6.]

TIPP: Ein schöner Brauch, der in den letzten Jahren wiederbelebt wurde, ist das Aufstellen von Barbarazweigen. Anfang Dezember werden dazu Obstzweige vom Baum geschnitten, in einer mit Wasser gefüllten Flasche aufgestellt und nach Geschmack geschmückt. Um Heiligabend beginnen die Zweige dann zu blühen.

IN DER LUFT
Von Flugobjekten und Nachtschwärmern

OHNE GUTE ATEMLUFT GÄBE ES KEIN LEBEN AUF UNSERER ERDE. IN DIESEM KAPITEL LERNEN WIR, DEN WEG ANHAND DER HIMMELSGESTIRNE ZU FINDEN, UND ERHALTEN EINE EINFÜHRUNG IN DIE WETTERKUNDE. WIR ERFAHREN EINIGES ÜBER VERSCHIEDENE FLUGKÜNSTLER UND WARUM SICH EINE NACHTWANDERUNG IMMER LOHNT.

[a]

[b]

DAS IST *wirklich* WICHTIG

....

[a] MITTELHOHE HAUFENWOLKEN, die breiter als hoch sind, kündigen Schönwetter an.

[b] AUCH BEI NEBEL am Morgen dürfen wir uns auf schönes Wetter freuen.

[c] TIEF HÄNGENDE Schleier- oder Schichtwolken sind typische Schlechtwetterboten.

[d] HAUFENWOLKEN, die sich nach oben vergrößern, zeigen ein aufziehendes Gewitter an.

[d]

[c]

WETTERKUNDE

In den Wolken lesen

Seit Urzeiten versuchen sich die Menschen in der Wettervorhersage. Denn zu wissen, wie sich das Wetter entwickelt, kann lebenswichtig sein. Damals wie heute. Besonders Wolken verraten uns eine Menge.

Deswegen gibt es sogar echte Wolkenforscher. Dies sind Meteorologen, also wissenschaftliche Wetterkundler, die unsere Wolken genau untersuchen. Denn diese spielen eine bedeutende Rolle bei der Entwicklung von Wetter und Klima (siehe unten). Wissen wir mehr über sie und ihre Entstehung, können nicht nur die Wettervorhersagen deutlich verbessert werden, sondern auch die Klimaprognosen.

WAS SIND WOLKEN?

Wolken sind große Ansammlungen von winzig kleinen Wasserteilchen in der Luft. Wenn auf der Erde Wasser verdunstet, nimmt die Luft dieses als gasförmigen Wasserdampf auf. Die feuchtwarme Luft steigt nach oben und kühlt ab. Die kalte Luft kann den Wasserdampf nicht mehr halten. Er lagert sich an winzigen Teilchen wie Staub an und es entstehen kleine Tropfen. Kondensation nennen wir diesen Vorgang. Werden die Tropfen groß und schwer, fallen sie als Regentropfen zur Erde (siehe auch Wasserkreislauf Seite 108). Wetterkundler unterscheiden drei verschiedene Grund-Wolkenformen: **Haufenwolken**, auch Schäfchenwolken genannt, im Lateinischen *Cumulus*, ähneln bauschigen Wattebällchen [→a]. **Schichtwolken**, im Lateinischen *Stratus*, haben keine klar erkennbaren Ränder und bedecken oft den ganzen Himmel. **Federwolken**, im Lateinischen *Cirrus*, bestehen aus Eis und sind hoch oben am Himmel. Sie ähneln zerrupfter Watte. Meist erscheinen nicht diese reinen Wolkengrundformen, sondern eher Mischformen.

Die genaue Beobachtung des Himmels ist der Schlüssel zu einer guten Wettervorhersage. Sie wird besonders verlässlich, wenn das Wetter über einen langen Zeitraum an einem bestimmten Ort beobachtet wird. Dies zeigen die Bauernregeln. Denn Landwirte waren und sind mit ihrem Land und den Wettererscheinungen sehr vertraut.

KLEINE WOLKENFORSCHER FRAGEN

Welche Form und Farbe haben die Wolken? Stehen sie eher hoch oder tief am Himmel? Sehen sie aus wie ein fast durchsichtig verlaufender Farbstrich? Oder eher wie dicke Wattebäusche? Ziehen sie schnell vorüber und verändern stetig ihre Form? Oder verbleiben sie scheinbar unverändert an einem Fleck? Uns interessiert noch Datum, Uhrzeit, Temperatur und wie stark und aus welcher Richtung der Wind bläst.

WETTERBOTEN

Hoch am Himmel stehende Schäfchenwolken kündigen schönes Wetter an. Ebenso kleine Schäfchenwolken am Mittag, die gegen Abend verschwinden. Erscheinen nach einem Regenschauer kleine Haufenwolken, ist dies ebenfalls ein gutes Zeichen. Tief hängende Haufen- oder Schleierwolken sind hingegen Vorboten für Regenwetter. Allgemein gilt: Je geschlossener die Wolkendecke, mit desto mehr Regen ist zu rechnen.

MERKE: Wichtig ist die Unterscheidung zwischen Wetter und Klima. Während das Wetter nur die Wetterphänomene eines kurzen Zeitraums beschreibt, beschreibt der Begriff Klima das Wetter über eine längere Zeitspanne. Es schließt daher alle möglichen Wetterzustände zu allen Jahreszeiten an einem bestimmten Ort ein.

[a]

DAS IST *wirklich* WICHTIG

[a] DAMIT DIE FLEDERMÄUSE einen guten Halt finden, die Holzinnenseiten aufrauen.

[b] VOR DEM ZUSAMMENBAU die Bauteile von allen Seiten mit etwas Olivenöl einpinseln.

[c] VERSCHRAUBTE VERBINDUNGEN sind ein Kinderspiel und halten besser als genagelte.

[d] DIE FERTIGEN KÄSTEN am besten in mindestens 3 m Höhe anbringen und auf eine freie Anflugbahn achten.

[c]

[b]

FREIE BAHN FÜR DIE FLEDERMÄUSE

[d]

NISTKASTEN BAUEN

Ein Haus für die Fledermaus

Sie sind die einzigen Säugetiere, die fliegen können. Und die kleinen Nachtschwärmer haben noch mehr erstaunliche Fähigkeiten. Gute Gründe, ihnen bei der Wohnungssuche zu helfen, oder?

Die wohl erstaunlichste Eigenschaft der Fledermäuse fasziniert Wissenschaftler und Naturfreunde gleichermaßen: Sie können mit den Ohren sehen. Um sich im Dunkeln zurechtzufinden, stoßen die nachtaktiven Tiere Ultraschalllaute aus. Dies sind sehr hohe Töne, die das menschliche Ohr nicht hört. Die Schallwellen der Rufe prallen von Hindernissen wie Beutetieren ab und werden als Echo von den Fledermäusen aufgenommen. So können sie millimetergenau bestimmen, wie weit etwas von ihnen entfernt ist.

Die Orientierung über Ultraschall heißt Echoortung. Zudem verfügen Fledermäuse über einen Magnetsinn. Mit seiner Hilfe nehmen sie das Magnetfeld der Erde wahr und nutzen es zur Ortsbestimmung.

In Deutschland leben derzeit mehr als zwanzig verschiedene Fledermausarten. Weltweit gibt es sogar etwa 900. Die Arten unterscheiden sich in Aussehen und Verhalten. Sie alle sind aber dem Lebensraum Luft angepasst. An ihren Armen haben sie eine dünne Haut, mit deren Hilfe sie fliegen. Damit sie die Arme stets frei bewegen können und dennoch geschützt sind, schlafen Fledermäuse kopfüber aufgehängt an ihren Fußkrallen. Statt Federn haben sie ein weiches, meist bräunliches Fell. Da es in unseren kalten Wintern nicht ausreichend wärmt, halten sie oft eng aneinandergekuschelt Winterschlaf in Höhlen und ähnlichen Verstecken. Ihre Kopfform unterscheidet sich zwar je nach Art, ermöglicht aber stets sehr gut die Echoortung – nicht zuletzt auch dank ihrer sehr großen und beweglichen Ohren.

WOHNUNGSNOT

Eine Sache können hiesige Fledermausarten leider nicht: sich selbst eine Unterkunft bauen. Deshalb sind sie oft auf unsere Hilfe angewiesen. Während Waldfledermäuse wie der Abendsegler und die Wasserfledermaus in hohlen Bäumen Unterschlupf finden, nisten Hausfledermäuse am liebsten in Gebäuden. Arten wie Mausohr und Zwergfledermaus schlüpfen gerne in Dachstühle und -überstände sowie Spalten und Hohlräume. Da unsere Häuser immer weniger dieser Unterschlüpfe bieten, bauen wir ihnen eigene Behausungen.

Wir brauchen
- Lärchenbretter und Leisten im Zuschnitt von
  Rückwand: 40 cm x 24 cm
  Dach: 10 cm x 28 cm
  (gerillte) Vorderwand: 26,5 cm x 24 cm
  zwei trapezförmige Seitenwände: 28 cm x 9 cm x 26 cm x 6 cm
  Aufhängeleiste: 3 cm x 55 cm
  Einflugleiste: 3 cm x 24 cm
- Akkuschrauber und Schrauben
- Pinsel und eine Schale Olivenöl

TIPPS UND TRICKS

Wer den Holzzuschnitt nicht selbst übernehmen möchte, kann auf Bausätze zurückgreifen. In jedem Fall sollten die Innenseiten der Bretter angeraut sein. So finden die kopfüber hängenden Fledermäuse einen guten Halt. Die fertigen Kästen am Haus oder an Bäumen anbringen. Sie sollten in östliche oder süd-östliche Richtung zeigen. Am Haus eignen sich geschützte Plätze unter dem First, Giebeln oder Dachüberständen. Wichtig ist, dass die kleinen Nachtschwärmer eine möglichst freie Anflugbahn haben.

NACHTLEBEN

Weißt du wie viel Sternlein stehen?

Dunkelheit hat für alle Lebewesen eine besondere Bedeutung. Während die einen ihre Ruhe suchen, werden die anderen nun besonders aktiv.

Es ist ein unvergleichliches Erlebnis, sich nachts in die Natur zu begeben. Manch einer muss vielleicht seine Angst besiegen, aber es lohnt sich.

KURZE UND LANGE NÄCHTE

Wie lange die Dunkelheit währt, ist abhängig von Standort und Jahreszeit. Während in Äquatornähe Tag und Nacht das ganze Jahr etwa gleich lang sind, ist dies bei uns nur im Frühling und Herbst der Fall. Tagundnachtgleiche ist hier zweimal im Jahr und zwar am 21. März und am 22. oder 23. September. Dann währt auch die Dämmerung am kürzesten und die Nacht bricht am schnellsten herein. Zur Sommersonnenwende am 21. Juni hingegen dauert der Tag am längsten. Dies ist auch die kürzeste Nacht des Jahres. In Hamburg dauert sie keine sieben Stunden. Nahe des Polarkreises bleibt der Himmel dann durchgehend erleuchtet. Im Gegensatz dazu sind die Winternächte besonders lang. Die längste Nacht ist entweder am 21. oder am 22. Dezember. In Hamburg währt sie fast 17 Stunden.

TIPP: Wer Wildtiere beobachten möchte, setzt sich vor Sonnenaufgang an eine Waldlichtung und verharrt dort bewegungs- und geräuschlos. Wie tagsüber sollten wir die Tiere aber natürlich nicht stören.

TIPPS NACHTWANDERUNG

Wer eine Nachtwanderung plant, sollte sich als Erstes informieren, wann Sonnenuntergang bzw. -aufgang an diesem Tag und Ort ist. Dies kann leicht im Internet überprüft werden. Am besten beginnt der Ausflug in die nächtliche Dunkelheit bereits in der Dämmerung (siehe Serviceteil Seite 149). Da es noch nicht vollständig dunkel ist, gibt es nun für das menschliche Auge besonders viel zu entdecken. Außerdem fällt die Orientierung noch leichter. Zur zusätzlichen Ausrüstung (Rest siehe Seite 11) von Nachtwanderern gehören natürlich Taschenlampen. Sehr praktisch sind Modelle, die direkt am Kopf getragen werden. Ausreichend warme Kleidung und festes Schuhwerk sind ein Muss. Wer Tiere beobachten möchte, sollte unauffällige Tarnfarben wählen und ein Fernglas einpacken.
Besonders viel gibt es in siedlungsnahen Gebieten, an Waldrändern bzw. Übergängen von Wäldern, Wiesen und Feldern sowie in Parks und auf Friedhöfen zu entdecken. Je ruhiger und unauffälliger wir uns verhalten, desto wahrscheinlicher ist ein Zusammentreffen mit vielen Tierarten.

TIERISCHE BEOBACHTUNGEN

Je nach Standort, Wetter, Jahres- und Uhrzeit unterscheiden sich die Tiere, die wir bei solch einem Ausflug beobachten können. Im Frühjahr lässt sich beispielsweise vor Sonnenaufgang ein wunderbares Vogelkonzert vernehmen (siehe Seite 146 f.). Auch Frösche und Kröten gehen nun in feuchten Nächten auf Wanderung zu ihren Laichgebieten. Um die Sommersonnenwende können wir hingegen besonders viele Käfer wie Glühwürmchen in der Abenddämmerung beobachten. Ein unglaublich schönes Schauspiel (siehe Seite 139). Im Herbst ist das Röhren des Rothirsches zu vernehmen. Fledermäuse lassen sich besonders gut im September beobachten. Dann sind sie besonders eifrig auf Insektenjagd – allerdings nur bei Trockenheit. Bei Regen verkriechen sich die Insekten und folglich auch die Fledermäuse. Ansonsten fliegen sie an Baumalleen entlang, an Knicks, am Rand von Wäldern, an Laternen und Gewässern. Wer mag, kann sich sogar spezielle Detektoren, die ihre Rufe für uns hörbar machen, ausleihen (z. B. beim NABU), kaufen oder selber basteln. Ein besonderes Erlebnis ist die vom NABU veranstaltete Batnight Ende August. Hier gibt es von Fachleuten spezielle Führungen. Winternächte haben den hellsten Sternenhimmel zu bieten und eignen sich daher besonders zur Beobachtung.

ALLE MEINE STERNE

Wer sich auf die Suche nach bestimmten Sternen begeben möchte, kann die kostenlose App für Smartphones *Verlust-der-Nacht* benutzen. Dazu halten wir das Display, auf dem eine Sternenkarte erscheint, in den Nachthimmel und suchen dort nach bestimmten Sternen. Die eigenen Daten können dann an das Berliner Forschungsteam weitervermittelt werden, das die App entwickelt hat. Es versucht

herauszufinden, welche Sterne überhaupt noch mit bloßem Auge sichtbar sind. Denn tatsächlich sind unsere Nächte zunehmend von künstlichem Licht erhellt. Die z. T. drastischen negativen Auswirkungen dieser sogenannten Lichtverschmutzung für Natur und Mensch dringen erst langsam in unser Bewusstsein und werden in Projekten wie diesem erforscht.

GLÜHWÜRMCHEN FINDEN

Für dieses Gruppenspiel benötigen alle Mitspieler eine Taschenlampe. Die Kinder spielen kleine Glühwürmchen-Damen, die sich in der Dunkelheit in einem bestimmten Gebiet verstecken. Auf Zuruf vom Spielleiter müssen die Leuchtkäfer mit ihren Taschenlampen Lichtsignale geben. Der Spielleiter beginnt mit der Suche nach den Weibchen. Findet er eines, schließt dieses sich der Suche an und gibt seine Lampe ab.

[1.]

[2.]

138   [3.]

NACHTAKTIVE TIERE
Jäger der Dunkelheit

Viele unserer heimischen Tiere sind nicht am Tag, sondern in der Dämmerung oder der Nacht aktiv. Dann gehen sie, geschützt von der Dunkelheit, auf Nahrungssuche und streifen durch die Natur.

WALDKAUZ [1.]
Stryx aluco
Merkmale: Dieser bei uns größte Kauz ist wie alle Eulen ein gewandter Flugkünstler mit hervorragendem Gehör- und Sehsinn.
Entwicklung: Das Weibchen bringt zwischen März und Juni bis zu fünf Junge in einem geschützten Nistplatz zur Welt.
Lebensweise: Der Waldkauz hält sich tagsüber gern z. B. in Baumhöhlen versteckt. Zu seinen Beutetieren zählen neben Mäusen sogar Eichhörnchen und krähengroße Vögel. Die unverdaulichen Reste wie Knochen und Haare speit er eulentypisch als Gewölle wieder aus. Seine Beute jagt er im lautlosen Suchflug oder er lauert ihr durch geduldiges Warten bei der sogenannten Ansitzjagd auf. Hierbei sucht er von niedrigen Ästen aus mit seinen großen Augen geduldig den Boden ab.

GROSSER ABENDSEGLER [2.]
Nytalus noctula
Dieses Säugetier ist die größte Fledermaus Europas.
Merkmale: Ausdauernder Flieger mit einer Flügelspannbreite bis zu 40 cm.

Entwicklung: In geschützten Quartieren zieht das Weibchen den Nachwuchs auf (ein bis zwei Junge pro Jahr). Dafür findet es sich mit anderen Weibchen in sogenannten Wochenstuben zusammen.
Lebensweise: Der Abendsegler jagt z. T. schon am späten Nachmittag und frühen Abend nach Insekten über den Baumkronen. Tagsüber ruht er in vom Specht verlassenen Baumhöhlen sowie in Gebäuden, Mauer- oder Felsspalten. Den Winter verbringt er in großen Gemeinschaften oder zieht gen Süden.
Wissenswertes: Bestand gefährdet. Tipp: Mit einem Detektor lässt sich der Abendsegler bei 20 Khz am typischen *Blip Blop* erkennen. Wer gute Ohren hat, kann sogar mit bloßem Ohr ein helles *Pling* vernehmen.

IGEL [3.]
Erinaceus europaeus
Merkmale: Der putzige Insektenfresser ist ein nachtaktiver Einzelgänger, der sehr gut riechen und hören kann.
Entwicklung: Ein Weibchen kann pro Jahr zwei Würfe mit je vier bis fünf Jungen zur Welt bringen.

Lebensraum/Ökologie: Der Igel bewohnt wiesenreiche Gebiete. Bei Gärtnern ist er gern gesehen, da er als Nützling einiges frisst, was in zu großer Anzahl Schaden im Garten anrichten kann. Zu seinen Beutetieren gehören Käfer, Würmer, Schnecken und Raupen. Droht ihm Gefahr, rollt er sich zu einer piksenden Kugel zusammen.

Wissenswertes: Wer einen Igel im Garten beheimaten möchte, sollte dem Bodentier mit den kurzen Beinen den Zutritt über Zaunlücken ermöglichen. Igel halten etwa von Ende November bis Ende März Winterschlaf. Dazu verkriechen sie sich am liebsten in großen Laub- und Reisighaufen. Also im Herbst ruhig mal etwas liegen lassen.

STEINMARDER [4.]
Martes foina
Allesfressendes Säugetier.

Entwicklung: Im März bringt ein Weibchen zwei bis drei Junge zur Welt.

Lebensweise: Größer als sein Verwandter, der Baummarder, ist er oft in Siedlungsnähe anzutreffen. Dort sucht er häufig Unterschlupf auf Dachböden oder in Unterständen. Als guter Kletterer legt er bei seiner nächtlichen Jagd nach kleinen Säugetieren und Vögeln mehrere Kilometer zurück. Daneben ernährt er sich auch von Früchten und Eiern.

SIEBENSCHLÄFER [5]
Glis Glis
Nagetier wie auch das Eichhörnchen.

Merkmale: Ähnelt dem Eichhörnchen, ist jedoch etwas kleiner.

Entwicklung: Im August und September kann ein Weibchen vier bis sechs Junge werfen.

Lebensweise: Der gesellige Siebenschläfer, den man an seinem fiependen Ruf erkennen kann, sucht in Baumhöhlen oder Felsspalten in Laubwäldern, Parks und Obstgärten Unterschlupf. Auf seinem Speisezettel stehen neben Pflanzen und Früchten auch Insekten und Eier. Von Oktober bis Mai hält er in Erdhöhlen rund acht Monate Winterschlaf.

GROSSES GLÜHWÜRMCHEN [6.]
Lampyris noctiluca
Ist eigentlich ein Käfer, gehört also zu den Insekten.

Merkmale: Die passendere Bezeichnung ist Leuchtkäfer. Es ist eines der wenigen Landtiere, das Licht selbst erzeugen kann. Und dies in unübertroffener Intensität. Der Vorgang der sogenannten Biolumineszenz bringt das Hinterteil des Käfers über chemische Reaktionen zum Leuchten.

Lebensweise: Die Lichtsignale der Glühwürmchen dienen der Partnersuche. Die umherfliegenden Männchen suchen in der Dämmerung nach im Gras sitzenden Weibchen. Die verschiedenen Arten lassen sich an unterschiedlichen Lichtsignalen unterscheiden. Bei manchen Arten leuchten nur die flugunfähigen Weibchen. Die am Boden lebenden Larven ernähren sich von Schnecken und Insekten.

Wissenswertes: Um die Johannisnacht am 22. Juni hat man in lichten Laubwäldern kurz nach Sonnenuntergang die besten Chancen, das leuchtende Schauspiel zu bewundern.

Andere: Dachse, Füchse, Hirsche, Kröten, Marder, Nachtfalter, Rehe, Waschbären, Wildschweine, Wölfe.

[4.]

[5.]

[6.]

139

DAS IST
wirklich
WICHTIG

[a] FEUER BRAUCHT LUFT zum Atmen. Deshalb am besten locker kegelförmig schichten. Innen liegt der feine Zunder, dann folgen dünne und zuletzt dickere Äste.

[b] UNSERE SELBST GEERNTETEN Kartoffeln beschmieren wir von allen Seiten mit einer dünnen Schicht Lehm.

[c] DIE LEHMKARTOFFELN in die Glut legen.

[d] NACH EINER HALBEN bis dreiviertel Stunde sind die Kartoffeln gar. Wir verspeisen sie direkt aus der aufgebrochenen Lehmhülle. Guten Appetit!

LOCKER
KEGELFÖRMIG
SCHICHTEN

[a]

FEUERMACHEN

Wenn es dunkel wird

Feuermachen ist eine Kunst. Wir Menschen sind als einzige Lebewesen in der Lage, es zu entfachen und zu löschen. Damit tragen wir aber eine große Verantwortung. Denn Feuer kann nicht nur wärmen, sondern auch zerstören.

Die Fähigkeit, Feuer zu beherrschen, war vor Millionen Jahren in der sogenannten Steinzeit eine wesentliche Voraussetzung dafür, dass Menschen sich in kälteren Gebieten der Erde niederlassen konnten. Sie unterscheidet uns wesentlich von den Tieren. Heutzutage können jedoch die wenigsten Menschen selbst ein Feuer entfachen. Dabei ist es nicht schwer – vorausgesetzt, man hat ein Feuerzeug.

Wir brauchen
• einige möglichst trockene Totholzäste
• etwas Zunder, d. h. leicht brennbares Material wie Zapfen, weiße Birkenrinde oder sehr trockenes Gras
• Feuerzeug oder Streichhölzer

Zum Löschen sollte Wasser oder Sand neben der Feuerstelle bereitstehen. Auch eine alte, nasse Decke ist sehr hilfreich, um das Feuer zu ersticken. Denn Feuer braucht unbedingt Sauerstoff – also einen Bestandteil unserer Luft –, damit es brennen kann. Dies sollten wir schon beim Feueraufbau bedenken. Liegt das Holz zu dicht, kann sich das Feuer nicht richtig entzünden. Auch viel Rauch und dicker Qualm sind ein Anzeichen dafür, dass die Flammen zu wenig Luft bekommen.

ANLEITUNG
Der Aufbau des Brennmaterials ist immer kegelförmig. In die Mitte legen wir den Zunder, um den herum die dünnen Zweige und dann die dicken Äste gebaut werden [→a]. Dabei lassen wir eine Lücke, damit wir ihn mit einem Streichholz oder einem Feuerzeug leicht anstecken und notfalls noch weiter in die Mitte schieben können. Das Feuer brennt leichter, wenn wir ihm etwas Luft zufächeln. Es muss aber aufmerksam bewacht werden, damit es nicht außer Kontrolle gerät. Am Ende lassen wir es ausglühen und löschen sorgsam mit Wasser und Sand.

LEHMKARTOFFELN UND STOCKBROT
In Spätsommer und Herbst ist die Zeit der „Kartoffelfeuer" gekommen. Das welke Kartoffelkraut lässt sich leicht verbrennen und in der heißen Glut können wir Kartoffeln, in eine dünne Lehmschicht verpackt, schmackhaft garen [→b]. Der Lehm dient hierbei als wunderbare natürliche Schutzhülle für die Kartoffeln.
Der bekannte Klassiker ist das Stockbrot. Dazu wickeln wir Hefeteig möglichst dünn (!) um das Ende eines langen Stockes und lassen ihn über der Glut goldbraun backen. Eine süße Variante ist der Apfel im Mantel. Wir spießen einen kleinen Apfel, mit Hefeteig ummantelt, auf einen Stock und backen ihn 20 bis 30 Minuten über der Glut. Schmeckt auch köstlich mit Vanillesoße.

TIPP: Es ist sehr wichtig, die Feuerstelle mit Bedacht zu wählen. Ideal ist ein Untergrund aus Erde, Sand, Stein oder Metall in sicherer Entfernung von Bäumen und anderen leicht entzündbaren Materialien. Wer möchte, kann einige Steine suchen und sie zu einem Kreis legen, in dessen Mitte das Feuer entfacht wird. Eine nahe Wasserstelle ist auch von Vorteil. Aufgrund des gefährlichen Funkenfluges ist Feuermachen nicht überall erlaubt. Dies gilt in der Regel auf fremdem Privatgelände oder im Wald jenseits ausgeschriebener Feuerstellen.

BEI SOMMER-ZEIT DIE UHR EINE STUNDE ZURÜCK-STELLEN.

[a]

DAS IST
wirklich
WICHTIG

[a] DEN STUNDENZEIGER der Armbanduhr auf die Sonne richten.

[b] DEN WINKEL zwischen dem Stundenzeiger und der Zwölf auf dem Ziffernblatt halbieren. Der Stab in der Mitte zeigt nun nach Süden. Übrigens: Etwa zwischen 11.30 und 12.30 Uhr MEZ steht die Sonne genau im Süden.

[c] DIE WAGENACHSE des Großen Bärs etwa fünfmal verlängern zum Sternbild des Kleinen Wagens. Der Polarstern bildet die Deichsel dieses Sternbilds.

[b]

[c]

ORIENTIEREN

Sonne, Mond und Sterne

„Der Mond ist aufgegangen, die goldnen Sternlein prangen am Himmel hell und klar." Die Himmelsgestirne sehen nicht nur schön aus, sondern weisen uns in klaren Nächten und an sonnigen Tagen auch den Weg.

Die einfachste und älteste Art sich zu orientieren, ist das Beobachten des Sonnenlaufs. Denn die Sonne geht immer im Osten auf und im Westen unter. Darauf bezieht sich auch der Begriff *orientieren*. Das ist Latein und heißt so viel wie *aufgehen*.

SONNE UND UHR

Wer eine Armbanduhr hat, kann bei Sonnenschein mühelos die Himmelsrichtung bestimmen. Dazu richten wir den kleinen Stundenzeiger der Uhr genau auf die Sonne [→a]. Nun denkt man sich einen Winkel – vormittags im Uhrzeigersinn, nachmittags gegen den Uhrzeigersinn – zwischen dem kleinen Zeiger und der Zwölf-Stunden-Markierung auf dem Zifferblatt. Halbiert man diesen Winkel, zeigt eine gedachte Linie Richtung Süden [→b]. Steht die Sonne beispielsweise auf vier Uhr, liegt Süden in Richtung des Zwei-Uhr-Punktes. Übrigens müssen wir in der Sommerzeit die Uhr aufgrund der Zeitumstellung eine Stunde zurückstellen.

MOND UND UHR

Genaugenommen nimmt der Mond die Rolle der Sonne ein. Da er aber stets in verschiedenen Phasen, wie Halbmond oder Sichel, am Himmel sichtbar ist, müssen wir dazu etwas rechnen. Als Erstes stellen wir uns den Mond als Vollmond vor. Nun müssen wir in Zwölfteln schätzen, wie viel von der vollen Scheibe jetzt zu sehen ist. Dabei zählen Vollmond $^{12}/_{12}$, Halbmond $^{6}/_{12}$ und Neumond $^{0}/_{12}$. Haben wir z. B. die Fülle des Mondes auf $^{3}/_{12}$, also zwischen Halbmond und Neumond, geschätzt, merken wir uns den Zähler des Bruches, die Zahl 3. Nun müssen wir noch wissen, ob es sich um einen zunehmenden (runde Seite rechts) oder abnehmenden Mond (runde Seite links) handelt. Bei zunehmendem Mond zieht man die gemerkte Zahl von der aktuellen Uhrzeit ab, bei abnehmendem Mond zählt man die gemerkte Zahl zur aktuellen Uhrzeit hinzu. Nun kennen wir die Uhrzeit, an der die Sonne stünde und jetzt der Mond steht, und können den Uhr-Trick anwenden.

POLARSTERN

In sternenklaren Nächten finden wir mit seiner Hilfe leicht den Norden. Da er besonders hell leuchtet, ist er schnell entdeckt. Tatsächlich steht er fast genau über dem Nordpol. Zur Orientierung ist er aus einem weiteren Grund besonders geeignet. Während andere Sterne durch die Erddrehung zu wandern scheinen, steht der Polarstern fest an seinem Platz. Auch als Nordstern bekannt, ist er der vorderste Deichselstern im Kleinen Wagen (Kleiner Bär). Auf der Fotoseite wird erklärt, wie wir dieses Sternbild leicht entdecken [→c]. Wie wir uns mit Karte und Kompass orientieren und den Verlauf der Himmelsrichtungen merken, steht auf Seite 14.

STERN ODER PLANET?

Was ist eigentlich der Unterschied zwischen beiden? Während Planeten wie der Mond, die Venus oder der Saturn von der Sonne beschienen werden, sind Sterne selbstleuchtende Himmelskörper. Die Planeten drehen sich um sie herum. Ein gutes Beispiel dafür sind Erde und Sonne: Unser Heimatplanet kreist in einer festgeschriebenen Umlaufbahn um den großen Stern Sonne.

VÖGEL BEOBACHTEN

Wer fliegt und singt denn da?

Vögel faszinieren uns neben ihrem schönen Federkleid vor allem mit ihren Flugkünsten und ihrem Gesang. Doch auch ihr Orientierungssinn und ihr Durchhaltevermögen sind beeindruckend.

So fliegt der winzige Fitis, der nicht einmal so groß ist wie ein Spatz, von Nordeuropa bis nach Südafrika, um bei seiner Rückkehr sein Nest nur wenige Meter vom Brutplatz des Vorjahres zu bauen. Unglaublich! Und wie schafft er das?

Vögel haben tatsächlich eine Art eingebauten Kompass, genauer gesagt, einen Magnetsinn. So können sie die für Menschen unsichtbaren Magnetfeldlinien der Erde mit den Augen sehen. Daneben werten sie noch Sternenbilder und andere Himmelsfaktoren zur Zeit des Sonnenuntergangs aus.

In der Vogelkunde, Ornithologie genannt, werden dabei sogenannte Zug- und Jahresvögel unterschieden. Das Zugverhalten der Tiere hängt auffällig vom Klima ab. Vögel, die in kälteren Gegenden brüten, ziehen weit häufiger gen Süden als Vögel aus warmen Gefilden. Oft bleiben aber auch Teile der Population, also einer Vogelgruppe, am Brutort. Die Vogelarten, die es nicht in wärmere Gefilde zieht, heißen Jahres- oder Standvögel. Zu ihnen zählen der Haussperling, besser bekannt als Spatz, die Kohlmeise oder die Elster (Futtertipp für den Winter siehe rechts).

WER SINGT DENN DA?

Häufig hören wir Vögel, bevor wir sie sehen können. Anhand ihrer Laute können Kenner die Vogelarten unterscheiden. Ornithologen unterscheiden zwischen Rufen und Gesängen. Die Vögel singen, um ihr Revier zu markieren, Weibchen anzulocken und zur Paarbindung. Im Frühjahr sind viele Vogelarten deshalb am singfreudigsten. Jungvögel erlernen die Gesänge von älteren Tieren. Eine kleine Nachtigall prägt sich dabei bis zu 260 verschiedene Strophen ein!

WER FLIEGT DENN DA?

Hier einige Tipps und Tricks zur Vogelarten-Bestimmung. Oberstes Gebot ist wie immer, Tiere und Umwelt nicht nachhaltig zu stören. Die Vogeldetektive statten sich am besten mit einem guten Fernglas, einem Notizblock und einem guten Bestimmungsbuch für Vögel aus. Mit dessen Hilfe können unbekannte Vogelarten anhand ihrer verschiedenen Merkmale zugeordnet werden. Außerdem brauchen kleine Hobbyornithologen vor allem etwas Geduld und Sitzfleisch. Denn die meisten Vögel flüchten, sobald sie unbekannte Geräusche oder Bewegungen wahrnehmen. Wer geräuschlose Aufnahmemöglichkeiten besitzt, kann die Vögel auch filmen. Dann kann Aussehen und Gesang später abgeglichen werden. Auf dem Notizblock notieren wir alle Beobachtungen über unsere gefiederten Freunde. Je mehr Details wir sammeln, desto besser.

WIR FRAGEN

Wer? Welche Farbe hat das Federkleid? Ist der Vogel etwa so groß wie ein Spatz, wie eine Amsel oder wie eine Taube? Welche Körperform und Haltung hat er? Kugelig oder schlank, aufrecht oder gebeugt?
Wo? Hält sich der Vogel auf dem Boden, am Rasen oder auf einem Baumzweig auf?
Wie? Sucht er offensichtlich gerade nach Nahrung oder singt er?
Wann? Wir versehen die Notizen mit Datum, Uhrzeit und Standort.

Übrigens: An je einem Wochenende im Januar und im Mai können alle Vogelfreunde zur „Stunde der Wintervögel" und „Stunde der Gartenvögel" (siehe Seite 148) dem NABU helfen, die aktuellen Vogelbestandszahlen zu schätzen. In einem festgelegten Zeitfenster werden dazu alle gesichteten Vögel gezählt. Je mehr Teilnehmer es gibt, desto sicherer kann ermittelt werden, ob die Vogelanzahl sinkt oder steigt. Für Kinder gibt es im Internet spezielle Vogelsteckbriefe, Malvorlagen und Quizaufgaben.

TIPP: Die Vogelarten, die bei uns überwintern, freuen sich vor allem bei anhaltendem Schnee und Eis über Futtergaben. Damit die Vögel nicht erkranken, ist es wichtig, die Futterstelle sauber zu halten. Geeignet sind Sonnenblumenkerne und Hirsekörner. (Billige Futtermischungen sind häufig mit den Samen der hochallergenen Ambrosiapflanze verunreinigt.) Aufhänger lassen sich sehr leicht schon mit kleinen Kindern selbst machen. Einfach etwas Kokosnussfett erhitzen, mit Sonnenblumenkernen und Hirse vermischen, in Ausstecherli drücken und ein Band durchführen. Eine andere schöne Variante ist, die Mischung direkt an ein Aststück zu drücken. Mit einem Stück Schnur hängen wir es im Freien auf.

[1.]

[2.]

[3.]

[4.]

VOGELUHR

Singvögel bestimmen

Für Frühaufsteher heißt es nun: Beim nächsten Piep ist es 5.20 Uhr. Singvögel starten ihr Wecklied stets in derselben Abfolge – und dies ganz brav nacheinander.

GARTENROTSCHWANZ [1.]

Phoenicurus phoenicurus

Größe: Bis 14 cm groß.

Merkmale: Das Weibchen hat im Gegensatz zum Männchen kein auffälliges rotes Bauchgefieder.

Lebensweise: Dieser Zugvogel (Oktober bis März) bewohnt lichte Wälder, Parkanlagen und Gärten mit reichem Baumbestand.

Gesang: Er beginnt im Sommer mit dem Vogelkonzert und dies bereits eineinhalb Stunden vor Sonnenaufgang.

Wissenswertes: Die Bestände sind in den 1980iger Jahren stark zurückgegangen.

ROTKEHLCHEN [2.]

Erithacus rubecula

Größe: Rundliche Statur, bis 14 cm groß.

Lebensweise: Als Bodenbrüter braucht er dichten Bodenbewuchs und lebt daher vor allem in ländlichen Gegenden und wilden Parks und Gärten mit Wasserstellen.

Gesang: Sein Gesang beginnt etwa eine Stunde vor Sonnenaufgang. Singt auch im Winter.

Wissenswertes: Verwechslungsgefahr mit Buchfink.

SINGDROSSEL

Turdus philomelos

Größe: Bis 23 cm groß.

Lebensweise: Auch die Singdrossel ist ein Zugvogel, der im Süden überwintert. Zerbrochene Schneckenhäuser weisen auf sie hin. Sie werden mit dem Schnabel auf Steinen geknackt.

Gesang: Ihr morgendlicher Gesang beginnt etwa zeitgleich mit dem Rotkehlchen, in der Abenddämmerung singt sie jedoch wesentlich reger.

AMSEL [3.]

Turdus merula

Größe: Bis etwa 24 cm groß.

Merkmale: Männchen sind schwarz mit gelbem Schnabel, Weibchen braun mit schwarzem Schnabel.

Lebensweise: Die Amsel, auch Schwarzdrossel genannt, breitete sich langsam von Wäldern in städtische Lebensräume aus. Heute ist sie die häufigste heimische Vogelart. Sie nistet in Bäumen und Sträuchern und fliegt im Winter gen Süden.

Gesang: Eine Stunde und 15 Minuten vor Sonnenaufgang beginnt sie zu tirilieren.

MÖNCHSGRASMÜCKE [4.]

Sylvia atricapilla

Größe: Bis 13 cm.

Merkmale: Männchen haben eine schwarze Kappe, die Weibchen eine rosafarbene bis bräunliche.

Lebensweise: Dieser Vogel baut sein Nest im dichten Gebüsch. Er ist ein Teilzieher, d. h. der Anteil der überwinternden Vögel nimmt laut NABU seit einigen Jahren zu. Die anderen Tiere fliegen von November bis Februar gen Süden.

Gesang: Der Gesang der Amsel beginnt zeitgleich mit dem Zaunkönig 50 Minuten vor Sonnenaufgang.

KOHLMEISE

Parus major

Größe: Bis 14 cm.

Merkmale: Die Kohlmeise unterscheidet sich von der Blaumeise, wie der Name sagt, durch ihren schwarzen Schopf. Nur geringe Unterschiede im Gefieder zwischen Männchen und Weibchen.

Lebensweise: Die in Europa am weitesten verbreitete Meisenart nistet gern in Baumhöhlen und nimmt Nisthilfen gut an. Sehr anpassungsfähiger Jahresvogel, der auch im Winter hierbleibt.

Gesang: Eine dreiviertel Stunde vor Sonnenaufgang kann man ihren Gesang vernehmen.

ZILPZALP [5.]

Phylloscopus collybita

Größe: Bis 10 cm groß.

Lebensweise: Der Verwandte des Fitis nistet in Bodennähe und baut dort ein kugeliges Nest zwischen Gräsern oder Brombeerranken. Er zieht von November bis Februar ans Mittelmeer.

Gesang: 40 Minuten vor Sonnenaufgang beginnt er zu singen. Sein Name soll seinen Gesangslaut wiedergeben.

BUCHFINK [6.]

Fringilla coelebs

Größe: Bis 14 cm groß.

Aussehen: Das Gefieder des Männchens ist an Oberkopf und Nacken bläulich und an der Unterseite weinrot bis rosafarben, das Weibchen ist oben grünlich und unten beige bis grau.

Lebensweise: Er baut ein halbkugelförmiges Nest. Teilzieher, d. h., bei uns zieht nur ein Teil der Vögel gen Süden.

Gesang: Zehn Minuten nach dem Zilpzalp beginnt er seinen Gesang, sprich 30 Minuten vor Sonnenaufgang. Männchen und Weibchen unterscheiden sich deutlich im Gesang.

STAR [7.]

Sturnus vulgaris

Größe: Bis 22 cm groß.

Merkmale: Je nach Jahreszeit unterscheidet sich sein Gefieder. Im Frühling bekommt es bei beiden Geschlechtern eine hübsche grün-metallische Färbung.

Gesang: Die Langschläfer beginnen erst etwa 15 Minuten nach Sonnenaufgang zu singen.

Wissenswertes: Stare sind Meister im Nachahmen von Rufen. So imitieren sie nicht nur den Gesang von anderen Vogelarten, sondern sogar Hunde, Rasenmäher und Handy-Klingeltöne.

NACHTIGALL [8.]

Luscinia megarhynchos

Größe: Bis 17 cm groß.

Lebensweise: Das Weibchen baut das Nest direkt am Boden in Gebüschen oder Gräsern.

Gesang: Meist können wir sie nicht sehen, aber hören. Ihr schöner, melodienreicher Gesang ertönt im Frühjahr etwa von 23 Uhr bis in die frühen Morgenstunden. In der Brutzeit im Frühsommer singen die Männchen auch tagsüber.

[5.]

[6.]

[7.]

[8.]

DIE DARGESTELLTEN UHRZEITEN sind natürlich ungefähre Angaben, die von Datum und Lage abhängen. Sie gelten hier für Mitteldeutschland, ca. Mitte Mai, Sonnenaufgang ca. 5.20 Uhr.

SERVICE
mit wertvollen Informationen

Hier gibt es nützliche Adressen und Bücher rund um das Thema „Natur erleben" – und natürlich auch die Antworten auf die Fragen von Lasse.

NÜTZLICHE ADRESSEN

Naturschutzbund Deutschland (NABU) e.V.
NABU-Bundesgeschäftsstelle
Charitéstraße 3, D-10117 Berlin
Telefon: (030) 284984-0
www.NABU.de

→ Seit über 111 Jahren aktiver Einsatz für Pflanzen und Tiere. Das Internetportal informiert in vielfältiger Weise zu allen Naturthemen (mit starkem lokalem Bezug) sowie eigenen Projekten und Veranstaltungen. Kinder können sich in speziellen Naturgruppen engagieren. Zudem gibt es spezielle Angebote für Kindergeburtstagsfeiern.
Der NABU und der LBV rufen jedes Jahr im Mai bzw. im Januar zur Mitmachaktion „Stunde der Gartenvögel" bzw. „Stunde der Wintervögel" auf. Jeder kann dabei sein und in einer Stunde alle Vögel im Garten notieren und dem NABU melden, der die Daten auswertet.

LBV – Landesbund für Vogelschutz in Bayern e.V.
Eisvogelweg 1, D-91161 Hilpoltstein
Telefon: (09174) 4775-0
www.lbv.de

BUND Bund für Umwelt- und Naturschutz Deutschland e.V.
Bundesgeschäftsstelle
Am Köllnischen Park 1, D-10279 Berlin
Telefon: (030) 2887882-0
www.bund.net, www.bundjugend.de,
www.naturtagebuch.de

→ Setzt sich auch für Kinder ein, z. B. für naturbelassene Erlebnisräume, sogenannte Naturerfahrungsräume in der unmittelbaren Wohnumgebung. Die BUND Jugend veranstaltet einen

Wettbewerb zu Naturtagebüchern. Teilnehmen können Kinder zwischen acht und zwölf Jahren, einzeln oder in Gruppen, z. B. Schulklassen. Einsendeschluss ist jeweils der 31. Oktober.

Bundesverband der Natur- und Waldkindergärten e.V.
Am Dorfplatz 18, D-24145 Kiel
Telefon: (0431) 711446
www.bvnw.de

Pfadfinder in Deutschland
Neben vier sogenannten Ringverbänden gibt es in Deutschland noch eine Vielzahl weiterer Pfadfinderbünde.
www.pfadfinder-treffpunkt.de

→ Unter dem aufgeführten überverbandlichen Portal, könnt ihr euch neben speziellen Pfadfinderthemen über die einzelnen Verbände informieren.

Naturstrolche
Verein zur Natur- und Umweltbildung e.V.
Bunderhammrich 49, D-26831 Bunde
Telefon: (04959) 91559
www.naturstrolche.de

→ Der Verein verleiht nach Lösen verschiedener Aufgaben ein Naturabzeichen für Kinder. Ziel ist die Natur und Umweltbildung.

Draußenkinder
ABA Fachverband Offene Arbeit mit Kindern und Jugendlichen e.V.
Clarenberg 24, D-44263 Dortmund
Telefon: (0231) 9852053
www.draussenkinder.info

→ Hier geht es um die Förderung des Spielens im Freien. Die Initiative geht auf den ABA zurück. In diesem Dachverband sind verschiedene pädagogische Einrichtungen für Kinder und Jugendliche in NRW organisiert. Daneben werden Fortbildungen für Erwachsene zum Thema angeboten.

Vereinigung der Sternfreunde e.V.
Postfach 1169, D-64629 Heppenheim
Telefon: (06252) 787154
www.vds-astro.de

→ Der größte überregionale Verein von Amateur-Astronomen im deutschsprachigen Raum. Informiert über aktuelle astronomische Ereignisse und Himmelsbeobachtungen.

Deutsche Gesellschaft für Mykologie e.V.
Grottenstraße 17, D-82291 Mammendorf
Telefon: (08145) 2759299
www.dgfm-ev.de

→ Die Deutschen Gesellschaft für Mykologie bildet Pilzberater aus. Nach Postleitzahlen geordnet gibt es für Pilzsucher eine umfangreiche Liste an kundigen Beratern auf der Homepage.

Plant-for-the-Planet
Lindemannstraße 13, 82327 Tutzing
Telefon: (08808) 9345
www.plant-for-the-planet.org

→ Die weltweit tätige Initiative wurde 2007 von dem damals neunjährigen Felix Finkbeiner ins Leben gerufen. Inspiriert von Wangari Maathai, durch deren Engagement über 30 Millionen Bäume in Afrika gepflanzt wurden, haben bis heute Kinder weltweit fast 13 Milliarden Bäume gepflanzt. Erklärtes Ziel ist es, der Klimakrise entgegen zu wirken.

AUSFLUGZIELE

Nationale Naturlandschaften
Bundesgeschäftstelle EUROPARC Deutschland e.V.
Friedrichstraße 60, D-10117 Berlin
Telefon: (030) 2887882-0
www.nationale-naturlandschaften.de
www.junior-ranger.de

→ Dachverband der deutschen Nationalparks, Biosphärenreservate und Naturparks informiert über die Standorte und führt eigene Projekte vor.

Das bundesweite „Junior-Ranger"-Programm richtet sich speziell an Kinder. Das Bildungs- und Freizeitangebot soll Kindern die Möglichkeit bieten, die nationalen Naturlandschaften zu erleben.

Freilichtmuseen
www.vl-freilichtmuseen.de

→ Linkliste der deutschen Freilichtmuseen. In historischen Gebäuden mit der zeitgemäßen Gestaltung der Umgebung werden vor- oder frühindustrielle Formen des Landlebens präsentiert. Häufig können hier alte und vom Aussterben bedrohte Nutzpflanzen und Tierrassen hautnah in ihrem ursprünglichen Umfeld erlebt werden. Über die sinnliche Erfahrung sorgen sie für ein besonders nachdrückliches Verständnis vergangener Zeiten.

Wildparks
Deutscher Wildgehege Verband e.V.
Geschäftsstelle im Tierpark Sababurg
Sababurg 1, D-34369 Hofgeismar/Sababurg
Telefon: (0 56 71) 76 64 99-11
www.wildgehege-verband.de

→ Dachverband der deutschen Wildgehege. Heimische Tierarten können in den Parks in möglichst artgerechter Umgebung erlebt werden. Besonderes Augenmerk liegt auf Umweltbildung.

WISSENSWERTE WEBSITES

WetterOnline
WetterOnline Meteorologische Dienstleistungen GmbH
Am Rheindorfer Ufer 2, D-53117 Bonn
www.wetteronline.de

→ Rund ums Wetter: aktuelle Wetterlage lokal, Reisewetter weltweit, Deutschlandwetterbericht, Wetterwarnungen, Temperaturen, Sonnenstunden, Wind oder Niederschlag, Pegelstände etc.

Forschungsverbund „Verlust der Nacht" Interdisziplinärer Forschungsverbund Lichtverschmutzung
c/o Leibniz-Institut für Gewässerökologie und Binnenfischerei
Müggelseedamm 301, D-12587 Berlin
www.verlustdernacht.de

→ Informiert über die Erhellung der Nacht durch künstliches Licht und wird betrieben vom Interdisziplinären Forschungsverbund Lichtverschmutzung.

www.sonnenaufgang-sonnenuntergang.de

www.wetter.com

→ Homepages mit Angaben zu Sonnenaufgang und -untergang.

NATURSCHUTZBEDARF

VIVARA Naturschutzprodukte
Kaiserswerther Straße 115, D-40880 Ratingen
Telefon: (0 18 06) 84 85 71
www.vivara.de

→ Neben Vogelfuttersystemen und Nistkästen zur vogelfreundlichen Gartengestaltung bietet VIVARA auch spezielles Entdeckermaterial für Kinder an.

SCHWEGLER Vogel- und Naturschutzprodukte GmbH
Heinkelstraße 35, D-73614 Schorndorf
Telefon: (0 71 81) 9 77 45-0
www.schwegler-natur.de

→ Mit den Holzbeton-Nistkästen wurde SCHWEGLER bekannt. Seit über 50 Jahren produzieren sie Vogelschutzgeräte und Naturschutzprodukte für Vögel, Fledermäuse, Igel u.v.m.

GIFTNOTRUFZENTRALEN

Aufgepasst! Vermeintlich essbare Pilze und Pflanzen beim geringsten Zweifel an der sicheren Artbestimmung nicht essen, vorsichtshalber von einem Fachmann (Pilzberatungsstelle, anerkannter Pilzberater, Pflanzenkenner) nachbestimmen lassen. Allgemein gilt außerdem: Keine rohen oder zu alten Pilze essen. Schnelle Hilfe in Vergiftungs- und Verdachtsfällen bieten die Giftnotrufe.

Berlin: Giftnotruf der Charité
Telefon: (0 30) 19 240, www.giftnotruf.de

Bonn: Informationszentrale gegen Vergiftungen
Telefon: (02 28) 19 240, www.giftzentrale-bonn.de

Erfurt: Gemeinsames Giftinformationszentrum
Telefon: (03 61) 73 07 30, www.ggiz-erfurt.de

Freiburg: Vergiftungs-Informations-Zentrale
Telefon: (07 61) 19 240, www.giftberatung.de

Göttingen: Giftinformationszentrum-Nord
Telefon: (05 51) 19 240, www.giz-nord.de

Homburg/Saar: Informations- und Behandlungszentrum für Vergiftungen,
Telefon: (0 68 41) 19 240
www.uniklinikum-saarland.de/giftzentrale

Mainz: Giftinformationszentrum Rheinland-Pfalz und Hessen, Telefon: (0 61 31) 19 240,
www.giftinfo.uni-mainz.de

München: Giftnotruf München
Telefon: (0 89) 19 240, www.toxinfo.org

Nürnberg: Giftinformationszentrale
Telefon: (09 11) 39 8-2 45 1

Wien: Vergiftungsinformationszentrale Wien
Notruf-Telefon: +43 (1) 4 06-43 43,
Tel.: +43 (1) 4 06-68 98
www.meduniwien.ac.at/viz/

Zürich: Schweizerisches Toxikologisches Informationszentrum (STIZ),
Telefon: + 41 44 2 51 51 51

Notruf-Nr. nur für die Schweiz: 145
Telefon: + 41 44 2 51 66 66, www.toxi.ch

ZUM WEITERLESEN

Thema „Natur und Kinder"

Gebhard, Ulrich (2009): Kind und Natur. Die Bedeutung der Natur für die psychische Entwicklung. 3. Auflage, 316 Seiten, VS Verlag für Sozialwissenschaften.

Weber, Andreas (2012): Mehr Matsch. Kinder brauchen Natur. 256 Seiten, Ullstein Taschenbuch.

Louv, Richard (2011): Das letzte Kind im Wald? Geben wir unseren Kindern die Natur zurück! 360 Seiten, Beltz.

Renz-Polster, Herbert und Gerald Hüther (2013): Wie Kinder heute wachsen – Natur als Entwicklungsraum. Ein neuer Blick auf das kindliche Lernen, Denken und Fühlen. 264 Seiten, Beltz.

Thema „Was ist Natur?"

Brämer, Rainer (2006): Natur obskur: Wie Jugendliche heute Natur erfahren. 182 Seiten, Oekom Verlag.

Wolfgang Holzner (2005): Wie viel Natur braucht der Mensch. Beitrag zur Akademietagung „Agrar-, Lebens- und Umweltwissenschaftliche Forschung – Strategien für Österreich. St. Pölten.

Bestimmungsbücher

Haag, Holger u.a. (2011): Mein erster Tier- und Pflanzenführer: Unsere 200 wichtigsten Tiere und Pflanzen kennen lernen. 256 Seiten, Kosmos.

→ Ein toller Begleiter für Kinder ab sieben Jahren mit Tipps zum Mitmachen und Ausprobieren.

Hecker, Frank und Katrin (2014): Der Kosmos-Naturführer für unterwegs. 368 Seiten, Kosmos.

→ 550 Arten in über 1000 Abbildungen: Unsere häufigsten Tiere, Pflanzen und Pilze, eingeteilt nach Lebensräumen. Viele Detailabbildungen zeigen alles Typische. Extras: Spuren lesen, essbare Wildpflanzen, Giftpflanzen, Phänomene.

Schmid, Ulrich (2012): Welcher Gartenvogel ist das? 100 Arten erkennen und beobachten. 192 Seiten, Kosmos.

→ Neben Merkmalen, Vorkommen und viel Wissenswertem auch Tipps zu Gartenpflanzen, Nisthilfen, Fütterung und Beobachtung. Und der Clou: Der TING-Hörstift (separat erhältlich) lässt die Vögel im Buch zwitschern!

Viele weitere Naturführer, Ratgeber, Naturerlebnisbücher und Tierstimmenprodukte für Eltern und Kinder unter kosmos.de

LASSES ANTWORTEN ZUR WILDEN MÖHRE

Wo wächst sie am liebsten?
Wir finden die Wilde Möhre besonders häufig in nährstoffreichen, lockeren Böden an sonnigen Standorten, wie z. B. an Weg- und Straßenrändern.

Wie groß wird sie?
Der oberirdische Teil wird zwischen 20 bis 120 cm hoch. Die unterirdische Wurzel kann bis zu 80 cm tief wachsen.

Welche Pflanzen wachsen in ihrer Umgebung?
Andere Pflanzen mit ähnlichen Standortansprüchen, wie z. B. Gräser.

Welche Tiere finden wir auf ihr?
Die Wilde Möhre wird von vielen Nektar suchenden Insekten aufgesucht. Sie ist die wichtigste Nahrungsquelle für die Raupe des seltenen Schwalbenschwanzes. Mit Glück kann man seine Puppen am Stängel finden. Aber auch Spinnentiere und Fliegen begeben sich hier auch Nahrungssuche.

Wie ist ihre Stängel-, Blatt- und Blütenform?
Die Blätter sind zwei- bis vierfach gefiedert. Die Stängel sind behaart. Die weiße Blüte weist einige Besonderheiten auf. Zum einen besteht sie bei genauer Betrachtung nicht aus einer, sondern aus vielen kleinen Blüten. Zum anderen ist in ihrer Mitte eine dunkle Blüte. Der dunkle Fleck lockt vorbeifliegende Insekten etc. an, indem er vortäuscht, dass sich hier bereits jemand auf Nektarsuche niedergelassen hat.

Wie verändert sie ihr Aussehen?
Vor allem die weiße Doldenblüte verändert ihr Aussehen im Laufe des Sommers erheblich. Verblüht zieht sie sich kelchförmig zusammen und bildet eine Art Kugelnest.

Darf ich die Wurzel probieren?
Die Wilde Möhre ist essbar. Sie ist ein Vorfahr unserer Gartenmöhre. Da ihr Karotingehalt jedoch niedrig ist, bleibt sie weißlich. Besonders angenehm schmecken die jungen Wurzeln vor der ersten Blüte der zweijährigen Pflanze. Danach schmecken sie scharf.

REGISTER

DIE NATUR ENTDECKEN

Gleich vor der Haustür gibt es so vieles zu entdecken und zu erforschen – das ganze Jahr über und bei jedem Wetter. Für große und kleine Naturentdecker bieten diese Bücher spannende Beschäftigungsideen, Bastelvorschläge, interessante Tipps und natürlich ganz viel Wissenswertes zu den einzelnen Themen.

96 Seiten, €/D 14,99

96 Seiten, €/D 12,99

96 Seiten, €/D 12,95

160 Seiten, €/D 19,95

64 Seiten, €/D 9,99

96 Seiten, €/D 7,95

Macht Spaß.
Macht Sinn.

Die Natur erleben mit
dem NABU. Mach mit!

www.NABU.de/aktiv

NABU

AKTEURE

Katja Maren Thiel liebte es schon als Kind, durch die Natur zu streifen. Heute schreibt die studierte Medienwissenschaftlerin nicht nur leidenschaftlich gern zu den Themen Natur, Garten und Kinder, sondern entwickelt und verwirklicht gemeinsam mit ihrer Familie ständig neue Spiel- und Bastelideen. Einiges an Zusatzmaterial zu diesem Buch findet ihr im Internet unter www.katjamarenthiel.de.
Bei Kosmos sind von ihr erschienen: „Gärtnern – Grundkurs grüner Daumen", ausgezeichnet mit dem Buchpreis der Deutschen Gartenbaugesellschaft, sowie „Gartenkinder", ausgezeichnet mit dem Deutschen Gartenbuchpreis (3. Platz, Kategorie Ratgeber).

Annette Timmermann ist leidenschaftliche Fotografin. Seit ihrem Gartenbaustudium fotografiert sie vor allem Naturmotive, die sie mit Liebe zum Detail, Einfühlungsvermögen und Sachverstand in Szene setzt. Ihre Fotos erscheinen weltweit in Magazinen, Büchern, auf Kalendern und Online. Natur & Kinder ist das dritte Buch, dass Annette Timmermann in enger Zusammenarbeit mit Katja Maren Thiel fotografiert hat.

Großer Dank gilt allen mitwirkenden Kindern. Mit dabei waren: Iva, Vico, Britta, Lasse, Janaina, Loana, Luca, Lina, Niklas, Fanny, Luise, Stella, Laila, Felix, Jette und Lotte. Euer Einsatz vor der Kamera war spitze!

IMPRESSUM

Umschlaggestaltung von Gramisci Editorialdesign, München unter Verwendung zweier Aufnahmen von Holger Haag.

Mit 301 Farbfotos:
209 Farbfotos hat Annette Timmermann, Kalübbe, für dieses Buch aufgenommen.

Die weiteren 92 Farbfotos kommen von folgenden Fotografen: 1 von Toni Angermayer (S. 147/8), 11 von Heiko Bellmann (S. 63/7, 67/5, 67/6, 94/1, 95/6, 98/1, 98/2, 110/1, 110/2, 110/3, 111/4), 2 von Achim Bollmann (S. 98/3, 99/4), 1 von Gregor Faller (S. 139/6), 1 von Hans Fürst (S. 146/1), 1 von Michael Gäbler/Wikimedia-Commons (S. 30/2), 8 von Gartenschatz (S. 50/1, 51/4, 62/3, 102/2 gr., 103/5 gr., 111/6, 139/4, 147/7), 1 von Gartenschatz/Bajohr (S. 16/3), 1 von Thomas Grüner (S. 147/5), 4 von Holger Haag (S. 29, 58/59, 95/4, 157), 32 von Frank Hecker (S. 16/2, 17/4, 17/5, 17/6, 21/6, 30/1, 31/5, 31/6, 36/2, 36/3, 37/5, 37/8, 47/4, 47/6, 51/5, 62/2, 63/6, 66/1, 66/3, 94/3, 95/5, 102/1 gr., 102/1 kl., 102/3 kl., 103/4 kl., 103/5 kl., 103/6 kl., 111/5, 117/4, 121/6, 137, 138/3), 5 von Frank Leo/fokus-natur.de (S. 31/4, 66/2, 116/3, 117/6, 146/2), 1 von Alfred Limbrunner (S. 139/5), 1 von Sven Melchert (S. 142/c), 1 von petrabarz/fotolia.com (S. 99/6), 5 von Torsten Pröhl/fokus-natur.de (S. 30/3, 46/2, 47/5, 116/2, 138/2), 1 von Karl-Heinz Schmitz (S. 99/5), 1 von Peter Schönfelder (S. 51/6), 1 von Verena Sommer (S. 13), 2 von Roland Spohn (S. 21/7, 57/8), 8 von Katja M. Thiel (S. 69/4, 78/3, 83/5, 83/6, 93, 130/131, 142/a, 142/b) und 3 von Peter Zeininger (S. 67/4, 138/1, 146/4).

Unser gesamtes lieferbares Programm und viele weitere Informationen zu unseren Büchern, Spielen, Experimentierkästen, DVDs, Autoren und Aktivitäten finden Sie unter **kosmos.de**

MIX
Papier aus verantwortungsvollen Quellen
FSC® C023164

Gedruckt auf chlorfrei gebleichtem Papier

© 2014, Franckh-Kosmos Verlags-GmbH & Co. KG, Stuttgart.
Alle Rechte vorbehalten
ISBN 978-3-440-13577-8
Projektleitung und Lektorat: Stefanie Tommes
Gestaltungskonzept und Layout: Gramisci Editorialdesign, München
Gestaltung und Satz: Walter Typografik & Grafik GmbH
Produktion: Markus Schärtlein
Printed in Italy / Imprimé en Italie